Wolfgang U. Eckart / Elsbeth Kneuper (Hg.)

Zur sozialen Konzeption des Kindes

Neuere Medizin- und Wissenschaftsgeschichte
Quellen und Studien

Herausgeber: Wolfgang U. Eckart

Band 17

Zur sozialen Konzeption des Kindes

Forschungen und Perspektiven verschiedener Wissenschaften

Wolfgang U. Eckart / Elsbeth Kneuper (Hg.)

Centaurus Verlag & Media UG 2006

Die Deutsche Bibliothek – CIP-Einheitsaufnahme

Bibliographische Information der Deutschen Bibliothek:
Die deutsche Bibliothek verzeichnet diese Publikation in der
Deutschen Nationalbibliographie; detaillierte bibliographische Daten
sind im Internet über http://dnb.ddb.de abrufbar.

ISBN 978-3-8255-0650-6   ISBN 978-3-86226-832-0 (eBook)
DOI 10.1007/978-3-86226-832-0

ISSN 0949-2739

Alle Rechte, insbesondere das Recht der Vervielfältigung und Verbreitung sowie der Übersetzung, vorbehalten. Kein Teil des Werkes darf in irgendeiner Form (durch Fotokopie, Mikrofilm oder ein anderes Verfahren) ohne schriftliche Genehmigung des Verlages reproduziert oder unter Verwendung elektronischer Systeme verarbeitet, vervielfältigt oder verbreitet werden.

© *CENTAURUS Verlags-GmbH. & Co. KG, Herbolzheim 2006*

Umschlagabbildungen: Raffaello Santi (d'Urbino) (1438–1520),
                    Madonna Aldobrandini (1510), National Gallery
                    London.
                    Photographien: Ute Ritsert u. Alexander Ginter.
Umschlaggestaltung: Antje Walter, Titisee

Satz: Gabriel A. Neumann, Institut für Geschichte der Medizin,
      Universität Heidelberg.
Druck: primotec-printware, Herbolzheim

Inhalt

Einleitung
WOLFGANG U. ECKART UND ELSBETH KNEUPER 5

Das kranke Kind in der Geschichte – Aspekte der
Medikalisierung des jungen Menschen vom Mittelalter
bis zur Epoche der Aufklärung
WOLFGANG U. ECKART 11

„Voll unrath und schleim" Der ärztliche Zugriff auf
die Neugeborenenbetreuung
IRIS RITZMANN 27

Menschenskinder! Zur literarischen Funktion des Kindes
EVELYN BUKOWSKI 49

Zur Kritik der sozialen Konzeption
von Mutterschaft hierzulande
ELSBETH KNEUPER 63

Veränderungen der sozialen Wahrnehmung des Kindes
durch die Möglichkeiten von Reproduktionsmedizin und
Pränataldiagnostik
CHRISTINE VON BUSCH-HARTWIG 87

Pränatalpsychologie: Wie entsteht Persönlichkeit
im Laufe der Schwangerschaft?
LUDWIG JANUS 109

Das Werden der Person in der Adoleszenz
als evolutive Balance – Strukturdynamische und
leibtherapeutische Aspekte
HERMES A. KICK 125

Verändert Aids die soziale Konzeption
des Kindes in Afrika?
ANGELIKA WOLF 135

Einleitung

Wolfgang U. Eckart und Elsbeth Kneuper

I.

Die Erde befindet sich nicht im Mittelpunkt des Universums. Der Mensch stammt vom Affen ab. Das Bewusstsein ist nicht Herr im eigenen Haus. Das sind bekanntlich nach Freud die drei größten Kränkungen, die die Wissenschaft den Menschen beschert hat.

Eine der größten Kränkungen, die der Mensch den Wissenschaften beschert hat, sind missratene Kinder. Die Pädagogik, die Soziologie, die Kinderpsychologie haben sich bemüht, uns Rezepte an die Hand zu geben, Kinder nach unserem Bilde von ihnen zu formen oder wenigstens unserem Ideal anzunähern. Quengelnde und unerzogene kleine Menschen haben diese Bemühungen stets noch untergraben: Teils wegen Mängeln bei der Umsetzung, teils wegen Fehlern der Theorie haben Versuche der Lenkung selten zu den intendierten Ergebnissen geführt. Das über diese zudem nur schwer ein Konsens zu erzielen ist, steht auf einem anderem Blatt.

Wir sind gewohnt, Kinder als abhängig von der Zuwendung, Erziehung und Pflege Erwachsener wahrzunehmen. Allerdings entwickeln die Produkte menschlicher Planung ein vitales und nicht selten unheimliches Eigenleben. Das trifft nicht nur auf die heranwachsenden Adressaten unseres pädagogischen Ehrgeizes zu. Die wissenschaftliche Erforschung und die technische Betreuung des vorgeburtlichen Lebens und der frühen Kindheit produzieren ihrerseits eine Metaphorik, die das Bild, das wir uns vom Werden des Menschen und damit von uns selbst machen, tiefgreifend beeinflusst. Die soziale Konzeption des Kindes ist ein Fokus in dem Konflikt zwischen Fortschritt und Entfremdung, Technik, Institutionen und Gesellschaft.

II.

Exemplarisch für die Bedeutung von Kindheit für die Wissenschaft stehen die Arbeiten des Historikers Philippe Aries und des Soziologen Norbert Elias. Aries versucht sich an einer Geschichte der Kindheit und gibt damit einem Gedanken Gestalt, der für die Forschung zum Thema zentral ist: den Gedanken, dass die Kindheit selbst eine Geschichte hat. Dass die Kindheit eine eigenständige Phase in der Entwicklung des Menschen mit besondere Einflüssen, Abhängigkeiten und Ausdrucksweisen ist, ist nach Aries eine Perspektive, die sich erst in einem historischen Prozess entwickeln musste. Elias hingegen setzt sich mit der Kindheit als einer Phase auseinander, in der das Verhalten der späteren Erwachsenen und damit insbesondere auch historischer und politischer Akteure vorgeprägt wurde. Diese Einsichten, die heute beinahe Allgemeingut sind, haben die Diskussion zum Thema Kindheit geprägt.

In der Ethnologie gehört die Kindheit nicht zu den zentralen Themen, wenn auch vor allem „Coming off Age in Samoa" von Margaret Mead, in dem sie der Körperfeindlichkeit der US-amerikanischen Gesellschaft der 1930er den freizügigen Umgang mit Körperlichkeit und Sexualität bei der Erziehung von Mädchen in Samoa gegenüberstellt, eine breite öffentliche Diskussion ausgelöst hat. Allerdings hat die Ethnologie in den „Human Relation Area Files" in den 1940er Jahren einen ersten Versuch unternommen, eine große Anzahl von standardisierten Daten über das Verhalten von Kindern zu sammeln, mit dem Ziel, angeborene ethische, mimische und soziale Verhaltensweisen nachzuweisen. Interessant daran ist nicht zuletzt, dass hier die Annahme eines kulturell nicht geformten, unverdorbenen und natürlichen Zustandes der Kindheit vorausgesetzt wird, der erst durch die Erziehung einer je kulturspezifischen Sozialisation weicht. Damit steht das Forschungsprogramm der „Human Relation Area Files" gleichsam quer zu dem Ansatz von Aries, Elias oder dem des Relativismus in der jüngeren Ethnologie-Debatte.

In der aktuellen Debatte spielen Kinder und Sozialisation etwa in der Auseinandersetzung mit dem Körper in den Sozial- und Geisteswissenschaften eine Rolle. Wenn soziale oder geschlechtliche Identität ver-

Einleitung 7

körperte Erfahrung ist, ist die Kindheit ein zentrales Moment der Identität. Gerade der frühesten Phase der Menschwerdung und den Auswirkungen der neuen Reproduktionstechnologien wird dabei besondere Aufmerksamkeit zuteil. Hier werden neben technischen Möglichkeiten auch die Bedingungen des Menschwerdens und die Konzeption von Menschsein überhaupt verhandelt: Wie kommt ein Mensch zustande? Wann ist ein Menschenleben lebenswert? Wie weit darf die Wissenschaft, wie weit soll sie eingreifen?

III.

Dass die technischen Möglichkeiten und gesellschaftlich sanktionierte Körpertechniken Einfluss auf die Kausalitäten der Menschwerdung haben, kann am Beispiel der Trobriander belegt werden. Der Hintergrund der folgenden Überlegungen ist die so genannte „Virgin-Birth"-Debatte. Dabei geht es um die Vorstellung der Trobriander von der Mensch–werdung: Obwohl man weiß, dass der Geschlechtsverkehr zur Konzeption gehört, wird die Frage nach der Menschwerdung ohne Rekurs auf den Geschlechtsakt beantwortet. Nach der Vorstellung der Trobriander suchen sich die Seelen Mütter für ihre Wiedergeburt. Die Seelen befinden sich im Meer und entsprechend findet die eigentliche „Konzeption" beim Baden der zukünftigen Mutter im Meer statt.

Das Skript der Konzeption in den „westlichen" Gesellschaften ist an der Biologie orientiert und gibt sich das Ansehen einer neutralen Beschreibung. Die Perspektive der Trobriander erscheint aus dieser Sicht unzutreffend. Entsprechend hat sich die Debatte in der Ethnologie zwischen zwei Polen bewegt: Entweder die „nackten Tatsachen" sind so offensichtlich, dass Malinowski die kulturelle Komponente überinterpretiert haben muss – tatsächlich wissen die Trobriander über die ursächliche Bedeutung des Koitus bescheid. Oder die Trobriander sind Gefangene ihrer Vorstellungswelt, die ihnen den Blick vor der „wahren" Kausalität verstellt.

Nun ist der Begriff der Verursachung bzw. der Kausalität ein komplexes Konzept. Nehmen wir folgendes Beispiel. Ein Mann tritt, ohne sich vorher umzusehen, auf die Straße, wird von einem Auto ergriffen und schwer verletzt. Warum ist der Mann verunglückt? Die Antwort auf die Frage nach der Unglücksursache hängt sehr von den Umständen ab. Handelt es sich um eine dicht befahrene Straße im nächtlichen Berlin, so lautet die Antwort: weil er sich nicht umgesehen hat. Wenn wir uns indessen, wagen wir, in Nevada an einer Straße mitten durch die Wüste befinden, an einer Straße, auf der vielleicht ein- oder zweimal am Tag ein Auto vorüber fährt, dann ist die Ursache für das Unglück eher, dass ausgerechnet in diesem Augenblick ein Auto kam. Die Frage nach der Ursache zielt auf die entscheidende Schaltstelle im Gefüge der Bedingungen eines Ereignisses und nicht auf die Summe aller Bedingungen: Die Tatsache, dass Menschen keine Hühner sind sondern Primaten, ist natürlich eine Bedingung dafür, dass eine Frau schwanger werden kann, aber klarer Weise keine Ursache für eine Schwangerschaft.

In den meisten westlichen Gesellschaften, in denen das Aussetzen der Kontrazeption und regelmäßiger Geschlechtsverkehr der entscheidende Schritt zum eigenen Nachwuchs ist, ist die Kopulation ursächlich für ein werdendes Kind. Aber in einer Gesellschaft wie der der Trobriander zur Zeit Malinowskis, in der es vermutlich wenige Kontrazeptiva gab und Paare regelmäßig geschlechtlich verkehrten, liegen die Dinge anders. Hier ist die entscheidende Weichenstellung für die Entstehung eines Kindes nicht mehr der Geschlechtsverkehr. Man muss sich vor Augen führen, dass die Mehrzahl auch der unverhüteten Geschlechtsakte nicht zu einer Schwangerschaft führt. Zudem gehen rund zwei Drittel aller Schwangerschaften in den ersten drei Monaten ab. In Fällen, bei denen Sperma quasi permanent verfügbar ist, ist der Koitus nicht die Stelle, an der sich entscheidet, ob ein Kind entsteht. Es könnte also sein, dass die Position der Trobriander nicht einfach eine Verkennung natürlicher Tatsachen ist, sondern die Einsicht darin, dass es etwas im Körper der Frau ist, das unter den gegebenen Umständen darüber entscheidet, ob ein Kind entsteht.

Das bedeutet, selbst wenn wir unser biologisches Verständnis zugrunde legen, lässt sich die sicht der Trobriander, wie sie von Malinowski

Einleitung 9

überliefert ist, rechtfertigen. Das Beispiel belegt: Obwohl unser Bild von der Konzeption des Kindes sich wissenschaftlich abgesichert gibt und den Anspruch erhebt, gegenüber kulturellen Differenzen invariant zu sein, enthält es zumindest eine kulturell bedingte Fokussierung: Von den „nackten Tatsachen" sind für für verschiedene Kulturen nicht alle gleich interessant, und wenn wir glauben, dass die Trobriander den Geschlechtsakt unterschätzen, unterstellen wir, dass auch andere Gesellschaften den Prozess unter ähnlicher Fokusbildung betrachten und dass diese die einzig richtige ist.

Wenn wir die eigenen Vorstellungen relativieren und bei scheinbar naturwüchsigen Vorgängen kulturell bedingte Bestandteile erkennen wollen, sind Kulturvergleiche, aber auch historische Betrachtungen wichtig. Das ist umso wichtiger, als mit den neuen Reproduktionstechnologien und den Fortschritten der Genetik ein Prozess angestoßen hat, der nicht nur die Medizin, sondern zugleich unsere Konzeption des Kindes grundlegend verändert.

IV.

Wenige Gegenstände außerhalb von Politik und Sport sind in der Lage, so starke öffentlich artikulierte Emotionen hervorzurufen. Die eifrige bis wütende Debatte um das Thema Abtreibung, der komplizierte Grenzverlauf der Positionen zum Schutz des vorgeburtlichen Lebens oder der verbrauchenden Embryonenforschung belegen, was auf dem Spiel steht: Bei der Frage nach der sozialen Konzeption des Kindes werden die Fundamente unseres Selbstverständnisses berührt. Die Frage, was ist der Mensch, nach Kant die Grundfrage der Philosophie, entscheidet sich für viele am Embryo oder am Kleinkind, seine Rechte und die ihm unterstellte Erfahrung werden Gegenstand umfangreicher Spekulationen und wissenschaftlicher Untersuchungen.

Entscheidend für die Einordnung der Konzeption des Kindes ist der Umstand, dass diese historisch geworden und sozial verankert ist. Um Aspekte des historischen Gewordenseins von Kindheit geht es in den ersten Beiträgen. In dem Aufsatz von Wolfgang Eckart wird die Medikalisierung der Kindheit nachgezeichnet. Iris Ritzmann greift die Entwicklung des 18. Jahrhunderts heraus und zeigt am Beispiel der Einflussnahme von Medizinern auf die Kinderbetreuung durch die Mutter, wie die Medikalisierung Raum greift und den Umgang der Mütter mit den Kindern zu kontrollieren versucht. Aber die historische Entwicklung unseres Verhältnisses zu Kindern und zur Kindheit hat nicht nur im Medium der Medizin stattgefunden. Wie der Aufsatz von Evelyn Bukowski belegt, hat sich die Auseinandersetzung mit der Kindheit etwa auch in der Literatur niedergeschlagen.

Die Beiträge von Hermes Andreas Kick, Ludwig Janus und Karina Kielmann zielen dagegen auf Interdependenzen von der Konzeption von Kindheit und Intervention. Während es Janus um den Beginn der Kindheit geht, um das vorgeburtliche Erleben, wendet sich Kick dem Ende der Kindheit zu. Beide stellen die Umsetzung medizinischer bzw. psychologischer Begriffe in der Therapie vor. Kielmann dagegen demonstriert an einem Beispiel aus Burkina Faso, dass medizinische Intervention sich nicht darauf beschränken darf, die je eigenen Vorstellungen anzuwenden, sondern auch die je emischen, also der Welt der behandelten Kinder und ihrer Eltern entstammenden Vorstellungen über die Kindheit berücksichtigen muss.

In den letzten drei Texten schließlich wird der Anschluss an die öffentliche Diskussion aus sozialer Perspektive gesucht. Christine von Busch-Hartwig thematisiert die Veränderung unserer Vorstellung von Kindheit durch die Verfahren der neuen reproduktiven Technologien, also der Entwicklung der Medizin. Der Aufsatz von Angelika Wolf behandelt die Folgen der HIV/AIDS-Epidemie für die AIDS-Waisen in Afrika. Elsbeth Kneuper schließlich macht darauf aufmerksam, dass neben Themen wie Medizin und Krankheit die sozialen Prozesse nicht vernachlässigt werden dürfen, die das Werden des Kindes und dessen Folgen für die Mutter bedingen.

Das kranke Kind in der Geschichte – Aspekte der Medikalisierung des jungen Menschen vom Mittelalter bis zur Epoche der Aufklärung

Wolfgang U. Eckart

Das kranke Kind war sicher zu allen Zeiten Subjekt besonderer Aufmerksamkeit der Personen, die ihm am nächsten standen, der Mutter in erster Linie, der Eltern oder der mit seiner Fürsorge Betrauten. Im Vortrag soll es aber nicht (nur) um diesen engsten sozialen Bezugsrahmen des kranken Kindes in der Geschichte gehen, sondern besonders um das Interesse der Heilkundigen an den Ursachen kindlicher Erkrankung und den Wegen zu Wiederherstellung kindlicher Gesundheit. Die Darstellung wird ihren Ausgang nehmen von übernatürlichen Mitteln, von magischen Formeln und Amuletten zur Vertreibung dämonischer Krankheitsgeister, wie sie in den altägyptischen „Zaubersprüchen für Mutter und Kind" (um 1600 v. Chr.) überliefert sind, wird sich dann der Behandlung von Kinderkrankheiten in der antiken Literatur zuwenden, um schließlich der Aufnahme des erkrankten Kindes als Objekt der Deutung und Therapie in die akademische Heilkunde und ihre Fachprosa vom Mittelalter bis in die Neuzeit nachzugehen. Dabei wird die Medikalisierung des jungen Menschen nicht nur als Prozeß wechselseitiger Inanspruchnahme von kindlichem Patienten und kindbezogener Medizin thematisiert werden. Vielmehr soll hier die Medikalisierung des Kindes auch als spezifischer Ausdruck seiner sozialen ‚Konstruktion' im Wandel gesellschaftlicher Zusammenhänge Gegenstand der Darstellung sein.

Mittelalter und Frühe Neuzeit

Alt zu werden war aufgrund dieser medizinischen und abergläubischen Praktiken alles andere als leicht[1]. Anhand von Steuerlisten konnte man feststellen, daß im 14./15. Jh. die Frauensterblichkeit im Lebensalter zwischen 20 und 40 Jahren wesentlich höher als bei den Männern war. Durch die vielen Schwangerschaften und Geburten - 20 Niederkünfte in einer Ehe waren keine Seltenheit - und die schweren körperlichen Haus- und Feldarbeiten lag die durchschnittliche Lebenserwartung bei den Frauen nur bei 29,8 Jahren. Denn Empfängnisverhütung wurde wie die Abtreibung durch den Einfluß der Geistlichen mit dem Tode bestraft. -- Albrecht Dürers Mutter, Barbara Holper (1452-1514) brachte innerhalb von 25 Jahren 18 Kinder auf die Welt. Der durchschnittliche Abstand zwischen den Geburten ihrer Kinder lag bei einem Jahr und sieben Monaten, und die Geburtstermine schwankten zwischen neun und 29 Monaten. Die Männer dagegen waren (bzw. sind) besonders in den ersten zwei Jahren ihres Lebens leicht anfällig für Krankheiten. Wenn sie diese kritische Zeit überwunden hatten, erreichten sie ein Lebensalter zwischen 40 und 60 Jahren. Maike Vogt-Lüerssen fasst hierzu zusammen: „Die hohe männliche Sterberate bei Kleinkindern drückte die durchschnittliche männliche Lebenserwartung aber auf 28,4 Jahre. Wenn wir Klaus Arnold[2] Glauben schenken wollen, starb im Mittelalter eines von zwei geborenen Kindern bereits im ersten Lebensjahr. Auch in guten Zeiten starb jedes fünfte Kind, bevor es zwei Jahre alt werden konnte. Von den 20 Kindern einer mittelalterlichen Mutter erreichten letztendlich nicht mehr als 1-2 Kinder das Heiratsalter. So lebten von den 18 Kindern der Barbara Holper um 1502 nur noch der 31-jährige Albrecht Dürer jun. und seine zwei Brüder, der 18-jährige End-

---

1 Maike Vogt-Lüerssen, Der Alltag im Mittelalter, (ISBN-Nr. 3-935718-27-6); Internet: http://members.tripod.de/~historica/mittelalter/MaX2.htm.
2 Klaus Arnold: Kind und Gesellschaft in Mittelalter und Renaissance – Beiträge und Texte zur Geschichte der Kindheit, Paderborn [u.a.], 1980.

res und der 12-jährige Hans"³. Das mittelalterliche Volk war jung. Wahrscheinlich war etwa die Hälfte der Bevölkerung jünger als 21 Jahre, vielleicht sogar ein Drittel jünger als 14 Jahre.

Daß man noch bis ins 17. und 18. Jahrhundert Kinder nicht als Kinder, sondern nur als „kleine Erwachsene" wahrgenommen" habe, so meinte 1988 der Tübinger Erziehungswissenschaftler Ulrich Herrmann, gehöre „bis heute zum festen Bestandteil historisch pädagogischer Legendenbildung"⁴. Herrmann bezog sich mit dieser Aussage sicher auf Philippe Ariès (1914-1986) zuerst 1975 in deutscher Sprache⁵ (franz. 1960) erschienene „Geschichte der Kindheit"; in ihr hatte Ariès, er gehörte zur französischen Historikerschule der „Annales", die Methoden der Soziologie und der Geschichte verbindet und sich um die Erforschung der „civilisations" und der „mentalites" bemüht, sehr deutlich gerade die von Herrmann kritisierte Auffassung herausgearbeitet: Bis zum 17. Jahrhundert kannte die mittelalterliche Kunst die Kindheit entweder nicht, oder unternahm jedenfalls keinen Versuch sie darzustellen. Kinder sind einfach verkleinerte Ausgaben von Erwachsenen. Die Weigerung der Kunst des westlichen Mittelalters, die Morphologie des Kindes zu akzeptieren, habe allerdings zu keiner Zeit bedeutet, „dass die Kinder vernachlässigt, verlassen oder verachtet wurden". Nicht zu verwechseln sei das Verhältnis zur Kindheit mit dem Verständnis für oder gar „mit der Zuneigung zum Kind" in der Phase der unmittelbaren und existentiellen Abhängigkeit von Mutter, Amme oder Kinderfrau. Sie sind nicht nur primäre Bezugspersonen des Kleinkindes, sondern zugleich konstituierende Elemente seiner sozialen Konstruktion, denn sie übernehmen stellvertretend Funktionen der Innen und Außenwahrnehmung sowie Äußerung des Kindes,

> „weyl es ja augenscheinlich ist", wie Melchior Sachsse noch 1546 formuliert, das die jungen Kindlein „jhnen selbst wider helffen noch rathen, ja auch jhre gebrechen, schmertzen und kranckheyt nit

---

3   Ebd.
4   Herrmann (1988), S. 9.
5   Hier lag die Auflage 1992 vor. Philippe Ariès, Geschichte der Krankheit, 10. Aufl., München 1992.

anzeygen künnen/ Unnd ist entlich kein andere kürtzweil wo kinder sein / dann eytel sorg / angst unnd not / ja wie groß auch die liebe zu den selbigen ist / so ist sie doch mit viel betrübnuß und unlust vermischet"[6].

Genau deshalb soll man auch ihr Schreien nicht einfach ignorieren, wie ein anderer Autor meint, „dann es gewiß ist, dass kein Kind zu weinen pflege, es leide dann etwas noth unde Schmertzen [...], es kann aber sein Anligen nirgend anderst offenbahren unnd klagen, dann durch weinen"[7]. Sobald das Kleinkind dieser ständigen Fürsorge, die im Mittelalter durchaus bis ins 6. Lebensjahr hineinreichen konnten, nicht länger bedurft habe, sei es unmittelbar in die soziale Gemeinschaft der Erwachsenen übergetreten und habe sich nicht länger von ihr unterschieden. Wir wollen und können hier den Thesen Ariès nicht nachgehen, doch kann ihnen auch für die medizinische Literatur der Epoche eine gewisse Schlüssigkeit nicht abgesprochen werden, wenngleich sich bei deren Lektüre eher eine Reduzierung der Kindheitsphase, als ein Verzicht auf deren Wahrnehmung aufdrängt. So hat der persische Arzt Avicenna (980-1037) sein Interesse an Kindern in seinem pädiatrischen Lehrwerk fast ausschließlich auf die Phase des Kleinkindesalters konzentriert und den Älteren nur randständiges und auch hier eher psychosoziales und pädagogisches denn ärztliches Interesse am Übergang ins Erwachsenenalter gewidmet. In seinem Kapitel über die Pflege der älteren Kinder (ca. 4-6 Jahre) heißt es:

> „Wir müssen uns bemühen, das Verhalten der Kinder zu bessern und zu mäßigen. Sie dürfen nicht von Jähzorn befallen, oder von Angst verfolgt, von Kummer niedergeschlagen oder von Schlaflosigkeit gequält werden. Deshalb gibt man ihnen, was sie sich

---

6   Albrecht Peiper: Chronik der Kinderheilkunde, 4. Aufl., Leipzig 1965, S. 109.
7   Artzneybuch : vast wunderköstlich, für allerley von ime selbst, zufelligen, inner oder eusserlichen, offen oder heymlichen, des gantzen Leybs gebrechligkeyt, wie nur die mügen Namen haben ; für Mannß und Frawen personen, jungen unnd alten, sehr nutz und dienstlich zu gebrauchen ; von allen newen und alten erfarnen, berhümbtisten Ertzten, zusammengetragen, gleych als für ein Hauß Apoteck oder Haußschatz / [Melchior Sachse] Nurenberg, 1549.

wünschen, und hält ihnen fern, was sie nicht mögen. Dies ist für Seele und Leib vorteilhaft, denn ein schlechter Leib verdirbt das Verhalten, und ein schlechtes Verhalten verdirbt den Leib: Zorn erhitzt, Kummer trocknet aus, Faulheit erschlafft und macht phlegmatisch. Nur die richtige Mischung erhält Seele und Leib gesund"[8].

Es ist faszinierend zu beobachten, wie sie hier psychosoziale und humoralphysiologische Konstruktion des Zusammenhangs von Leiblichkeit, Seelenzustand und Sozialverhalten in der Übergangsphase vom Kindes- ins Erwachsenenalter ineinander verschränken und gegenseitig bedingen. Körperliche Eigenschaften und soziale Tugenden des Erwachsenen werden ärztlich beschrieben und ausgelobt, und hier darf nun auch bereits mit Aderlässen und Arzneimitteln – wie beim Erwachsenen – therapiert werden, während beim jüngeren Kind solche Praktiken noch zu „vermeiden" sind. Auch ein Blick in die „Erstlinge"[9] der pädiatrischen Literatur des westlichen Mittelalters zeigt dies bald, richtet sich doch diese dem inhaltlichen Gewicht nach nahezu ausschließlich auf die Wiegen- d. h. auf die Kleinstkinder, während ältere Kinder (im heutigen Verständnis) und Jugendliche gar, allenfalls randständige Erwähnung finden. So heißt es einleitend etwa in der seit dem 12. Jahrhundert nachweisbaren und bis ins 16. Jahrhundert verbreiteten Tractatschriften „Practica puerorum" (Kinderpraxis) eines unbekannt gebliebenen Autors (Es handelt sich hier um die ältesten mittelalterlichen Darstellung der Kinderkrankheiten „Incipit practica puerorum"[10], ist in Abschriften aus dem 12. bis 16. Jahrhundert erhalten. Ihre Entstehung setzt Sudhoff vor das 10. Jahrhundert an.): „Hier beginnt die Kinderpraxis. Ich habe mich entschlossen, die Krankheiten der Wiegenkinder in einem kurzen Grundriß darzustellen und Heilmittel für

---

8   Avicenna, Canon, Lib. I, Sectio III, Doctrina prima, Caput IV.
9   Karl Sudhoff, Erstlinge der pädiatrischen Literatur, München 1925.
10 Ebd., S. XLI-XLII.

einzelne Krankheiten anzugeben"[11]. Unmittelbar wird dann übergeleitet in die Güteprüfung der Muttermilch: „Zuerst in Betracht kommt die Güte der Milch, mit der das Kind ernährt wird. Man prüft sie, indem man sie auf einen Spiegel oder ein glattes Schwert tropft: Steht sie darauf wie ein Kristall, so ist sie gut; zerfließt sie aber wie Wasser, so ist sie schlecht [...]"[12]. Es folgen nun Hinweise und Heilvorschläge zu Lippenrissen, Schlaflosigkeit, Erbrechen Durchfall, Verstopfung, Fiebern und anderen typischen Gesundheitsproblemen des Kleinkindesalters.

Ganz ähnlich bei Paolo Bagellardi a Fulmine, dessen „Libellus de aegritudine infantium" (Büchlein von der Krankheit der Kinder) als erstes gedrucktes Buch über Kinderkrankheiten 1472 in Padua die Druckerpresse verlässt[13]. Auch Bagellardi konzentriert sich ausschließlich auf die Krankheiten der Säuglinge. Kinder zwischen drei und sechs Jahren, also solche des Übergangsalters ins Erwachsensein, interessieren ihn allenfalls noch in der Grenzzohne zwischen körperlicher Verhaltensauffälligkeit und sozialer Stigmatisierung, auf dem Problemfeld des Bettnässens nämlich, über das die Eltern „tief betrübt" und das für die Kinder ein „rechtes Unglück" sei. Man könne diese (älteren Kindern, wie die Erwachsenen) nun schon von den Säften befreien, die „den Blasenmuskel erschlaffen lassen", ihr Verhältnis zu den „sex res non naturales" (Licht, Luft, Speise, Trank, Bewegung, Gemüt) ordnen und mit der Therapie beginnen, um ihnen – so muß hier wohl ergänzt werden – den Übergang ins Erwachsenenalter zu erleichtern. Bagellardus richtet sich an die Zielgruppe der Hebammen, Mütter und Ammen. Ärzte sind nicht angesprochen, obwohl ein Arzt spricht[14].

---

11 Ebd., S. XLI. „INCIPIT PRACTICA PUERORUM – Passiones puerorum adhuc in cunabilis iacentium sub brevi placuit mihi tractare conpendio et de singulis qualiacunque remedia assignare."

12 Ebd., S. XLI: „Primo igitur considerandum la, de quo nutritur puer, si sit bonum, quod sic dinoscitur: ponatur supra speculum vel gladium politum,; si stet ad modum cristalli, bonum est, si vero ad modum aquae diffundatur, non est bonum neque oportet quod nutrix renes ei concutiat."

13 Paulus Bagellardus, De infantium aegretudinibus et remediis. [Patavii] Bartholomaeus de Valdesoccho et Martinus de Septem arboribus, 472.

14 Albrecht Peiper, Chronik der Kinderheilkunde, 4, Aufl., Leipzig 1965, S. 105-106.

Und noch bei der Neuauflage des Jahres 1538 heißt es in einem schwungvollen Widmungsgedicht des Claudius Maletus: „So viele Säuglinge sind bisher unbetrauert gestorben, ohne dass ihnen zu helfen war. Gab es doch keinen Arzt, der die Pflichten der Hebamme, der Mutter oder der Amme beschrieben hätte. Kein Wunder, denn die Aufgabe ist schwer und den Gelehrten kaum bekannt"[15]. Interessant ist, dass bereits hier ein medizinisch-akademischer Aneignungsprozess – Bagellardus ist Professor in Padua - am nichtakademischen Sonderwissen der Geburtshelferinnen, Mütter und Säugammen zu registrieren ist, der sogleich umgesetzt wird in die Belehrung und professionelle Disziplinierung eben jener Quellgruppe. Daß Bellardus sich in seiner Schrift ausdrücklich auf die arabisch-persischen Gelehrten Rhazes und Avicenna bezieht, legitimiert seine Quellen nur zum Schein als schulmedizinische, denn es findet sich zugleich ‚volksheilkundliches' Herbal- und Magiewissen um Kindbett und Kleinkindbetreuung in Fülle. Ganz dem populären Anspruch eines einfachen Ratgebers – nun – der Eltern junger Kinder gewidmet ist auch die erste in deutscher Sprache gedruckte Kinderkrankheitschrift des Bartholomeus Metlinger aus dem Jahre 1473. Metlinger verfasst „Ein regiment der jungen kinder/Wie man sy halten vnd erziechen sol von irer gepurt biß sy zu iren tagen kömen", bis sie älter werden also, nicht länger[16]. Konkret hieß dies bis zum siebten Jahre, wie Metlinger in der Einleitung seiner Schrift formuliert:

> „Wann nach ansehung götlicher vnd menschlicher ordenung vnnd gesaczet ein yeglich vatter vnd müter gebrechelicheit so iren kindern besunder die noch in kintlichem alter vnder siben iaren seind / vnd aber sollich versaumnusz zu zeyten ausz vnwissenheit beschehen mag also das vatter noch muter nit verstehen noch erkennen wie die kind in gesuntheit vnd kranckheiten gehalten werden sollen vnd doch durch solliche vnwissenheit wa die durch vnfeisz dar komet nit entschuldiget seind / bin ich Bartholomeo metlinger in ertzney doctor von Augspurg mer malen bewegt durch krafft

---

15 Ebd., S. 106.
16 Sudhoff, Erstlinge, Tafel 2, S. XXXIII.

des almechtigen gottes disen kurtzen auszug ze begreiffen darusz ein yeglicher vatter vnd muter ab nehmen vnd versten mögend / wie erstgeborne kind bis zu den siben iaren in gesuntheit auch in krankheiten gehalten werden sollend [...]"[17].

Überaus gelehrt hingegen tritt das 1485 im Druck erschienene „Opusculum Egritudinum Puerorum" (Werklein von den kranken Kindern) des Cornelius Roelans von Mecheln auf. Neben den klassischen antiken und arabisch-persischen Autoren, die akademisch exakt zitiert werden, finden allerdings auch bei diesem Autor abendländische Quellen und lokale Rezepturen und traditionelles Heilwissen der Kindbettprofessionen Berücksichtigung. Alle Register des humoralpathologischen und magischen Heilwissens werden gezogen und die Materia medica durchaus auch auf die Dreckapotheke ausgeweitet. Interessant ist, dass im klassisch-humoralpathologischen Bereich das Kind nicht unmittelbar, sondern mittelbar über die Stillende behandelt wird, während Magie und Dreckapotheke direkt am Kleinkind zur Anwendung kommen: Löwen- und Hunderzähne als Halsamulette gegen Zahnbeschwerden, ein Seidenschal, in dem eine Viper erdrosselt wurde, als Halstuch gegen diphtherische Erkrankungen, bei Verstopfung die warmen Eingeweide eines Katers auf den Bauch des Kindes, bei Hartleibigkeit Mäusedreck in Wasser[18] u.s.w.; auch von Mecheln will belehren, nun aber zunächst nicht die Gruppe der primär handelnden Hebammen, Mütter oder Ammen, sondern ganz offensichtlich jüngere unerfahrene Ärzte, wie die lateinischen Sprache des Traktats und dessen gewählte Gelehrsamkeit unterstellen. „Im Kummer", so schreibt er in der Einleitung, „über die recht große Unerfahrenheit in den Kinderkrankheiten habe ich gestrebt, aus den Werken der Fachleute, besonders der Doctoren der Arzneikunde, einen Traktat oder ein Büchlein zusammenzustellen. Bei nahezu allen kinderheilkundlichen Autoren jener Zeit ist sehr gut nachvollziehbar, wie einerseits die soziale Konstruktion des Kindes im unmittelbaren Um- und Abhängigkeitsverhältnis seiner Primärbetreuenden nachvollzogen und gleichzeitig die Mischung und Prolife-

---

17 Ebd.
18 Peiper, Chronik (1965), S. 107.

ration klassischen ärztlichen und rezenten nichtärztlichen Wissens um Kindbett, Klein- und Jungkindalter zur Belehrung und schließlichen Disziplinierung der nichtakademischen Kindbettprofessionen instrumentalisiert wird. Die Medikalisierung des Kindes ist damit zugleich Aneignung und Maskulinisierung nichtmedikalen Wissens und Enteignung oder Beaufsichtigung ihrer ursprünglichen Besitzerinnen. Dieser Prozess wird im 16. Jahrhundert in vielen territorialen Medizinalordnungen festgeschrieben und führt selbst innerhalb der nichtakademischen Heilprofessionen zu neuen Hierarchisierungen, wie die Titelei des berühmte Schweizer Wundarzt Felix Würtz aus Basel zu seinem „Kinderbüchlein[s]" (1563) deutlich belegt. Dort heißt es aufschlussreich:

„Von den newgeborenen vnnd jungen vnmündigen Kinderen brästen / vnnd mänglen / wie auch Fähleren / vnnd Missbräuchen so von vngeschickten Hebammen vnnd Kindtsmägdten begangen werden / vnnd deren komblichen Artzneyen vnnd heylungen" [...]. Allen Wund-Aertzten/Heb-Ammen/Säug-Ammen/Vorgängeren/und anderen Ehren-Frauen/wie auch allen denen/so mit jungen Kindern umbzugehen pflegen/sehr nützlich und nothwendig zu wissen und zu lesen"[19].

Vergleichbar sind sicher die Intentionen des Zürcher Stadtarztes Jacob Rueff, der bereits 1554 sein „schön lustig Trostbüchlein von den empfangnussen und Geburten des menschen" mit einem stark kinderheilkundlichen Abschnitt allerdings als Hebammenlehrbuch veröffentlicht hatte[20]. Sowohl Rueff als auch Wuertz stehen mit ihren Schriften in der Tradition der Freiburger Apotheker und späteren Frankfurter Stadtarztes Eucharius Roesslin, der in seinem als „Rosengarten" 1513 erschienenen

---

19 Ebd., S. 117.
20 Vgl. zu Rueff: Moritz Mosenthal, Geburtshilfliche Operationslehre bei Eucharius Roesslin, Walther Reiff und Jacob Rueff, Diss. med. Würzburg 1887. – 26 S.

Hebammenbuch ebenfalls der Säuglings- und Kleinkinderfürsorge besondere Aufmerksamkeit gewidmet hatte[21].

Pädiatrie in der Aufklärung

Kinderärzte und Kinderheilkunde im strengeren Sinne waren in der vor- und frühneuzeitlichen Medizin, wie wir gesehen haben, noch fremd. Im 18. Jahrhundert aber taucht die Bezeichnung Kinderarzt gleich mehrfach auf; einer der ersten namentlich genannte Kinderarzt ist wohl W. Cadogan (1711-1797), Kinderarzt am Findelhaus in London[22]. Als Buchtitel wurde die Bezeichnung Kinderarzt im 18. Jahrhundert mindestens achtmal verwendet. Das ist nicht zufällig. Definierte man doch das Kind nun wesentlich umfassender als in Mittelalter und Früher Neuzeit und gab ihm überhaupt eine eigene anthropologische Entität. Das Kind war nun definitiv auch nach dem 6. Lebensjahr kein kleiner Erwachsener mehr; es war Kind und blieb es mindestens bis zur Pubertät. Es verwundert nicht, dass auch der Begriff Pädiatrie in jener Zeit geprägt wurde. Der Baseler Arzt Theodor Zwinger (III.) (1658-1724) veröffentlichte zunächst in lateinischer

---

21 Vgl. zu Roesslin: Klein, G., Zur Bio- und Bibliographie R.s und seines Rosengartens, Sudh. Arch. 3 (1909), 303–34; Keil, G. u. Daems, W.F., gelerter der arzenie, ouch apotheker, Sud. Arch. 64 (1980), 86–9; Belkin, J.; Caley, E.R. (Hg.), On minerals and mineral products: Chapters on minerals from his "Kreutterbuoch". Critical text, English translation, and commentary, Berlin 1978; Belkin, J., Eucharius Rösslin des Jüngeren Lebensgeschichte, Gutenberg Jahrbuch (1978), 69-105; Kruse, B.-J., Neufund einer handschriftlichen Vorstufe von Eucharius Rösslins Hebammenlehrbuch „Der schwangeren Frauen und Hebammen Rosengarten" und des „Frauenbüchleins" Ps.-Ortolfs, Sudh. Arch. 78 (1994), 220-236; Arons, W., When midwifery became the male physician's province: the sixteenth century handbook: the rose garden for pregnant women and midwives, Jefferson, N.C. 1994; Granada, M.A., El debate cosmológico en 1588: Bruno, Brahe, Rothmann, Ursus, Rösslin, Bd. 18, Napoli 1996.

22 Cadogan schrieb das populäre pädiatrische Buch „An Essay upon nursing and the management of children from their birth to three years of age, London 1748; ins Deutsche wurde das Werk übersetzt unter dem Titel: Über das Säugen und Verpflegen der Kinder von ihrer Geburt bis zu ihrem dreyjährigen Alter, Münster/Osnabrück 1782. Cadogan gilt als Pionier der Säuglingsmedizin- und -hygiene.

Sprache 1722 seine „Paedojatreja practica" und behandelte in seinem Buch umfassend die Krankheiten der Kinder bis in die Randgebiete hinein[23]. Darüber hinaus spricht für die allmähliche Verselbständigung des Arbeitsgebietes der Umstand, dass im 18. Jahrhundert nun auch erstmals Lehrbücher der Kinderheilkunde erscheinen, die ganz bewusst Abstand von der alleinigen Rezeption älterer Literatur nehmen und stattdessen eigene Beobachtungen und Erfahrungen in den Vordergrund stellen. So erscheit 1764 die „Anweisung zur Kenntniß und Cur der Kinderkrankheiten" des Schweden Rosén von Rosenstein (1706-1773)[24] und zwanzig Jahre später 1784 das Werk „A Treatise on the diseases of Children"[25] des englischen Geburtshelfers Michael Underwood (1737-1820). Beide Werke dürfen als grundlegend für die in statu nascendi befindliche medizinische Disziplin angesehen werden und bestimmen über Jahrzehnte deren Stil. Bedeutsam ist schließlich, dass im 18. Jahrhundert eine Reihe früher pädiatrischer Institutionen, Ambulatorien und Kinderkraneninstitute gegründet werden, so London (1769), in Wien (1788) oder in Breslau (1793). Damit ist der Institutionalisierungsprozeß der Pädiatrie im Grunde unumkehrbar geworden.

Konstituierend für die Pädiatrie der Aufklärung, in der sich die eigentliche Medikalisierung des Kindes vollzog, war ihr edukativer Anspruch, der sich in enger Verschränkung mit einer aufgeklärten Pädagogik verwirklichte. Pädagogische Schriftsteller sahen schon vor 1700 Kinder als Kinder und entwickelten Verständnis für ihre kindlichen Eigentümlichkeiten. Ein sehr schönes Bespiel hierfür ist Fénelons „Traité de l'éducation

---

23 In Zwingers „Paedojatreja" (1722) begegnet erstmals der Begriff „Pädiatrie". Ihr Autor wurde in Basel 1680 mit einer Dissertation über „Paedotrophia" promoviert. Seit 1711 hielt er dort den Lehrstuhl für Medicina theorica et practica. Zuvor hatte er als Professor dort Rhetorik, Naturlehre, Anatomie und Botanik unterrichtet. Mitglied der Leopoldina wurde er 1694. Unter dem italienischen Pseudonym Nathanael Sforzia publizierte er 1684 der Werk „Der sichere und geschwinde Arzt".

24 Deutsche Ausgabe: Anweisung zur Kenntniß und Cur der Kinderkrankheiten Gotha u.a.: Dieterich, 1766.

25 A treatise on the diseases of children: with directions for the management of infants from the birth, especially such as are brought up by hand / by Michael Underwood London: Mathews, 1784. - XII, 288.

des filles"²⁶ aus dem Jahre 1687 in dem sich nicht allein ein kindgemäßer Sinn für den erzieherischen Umgang mit heranwachsenden Mädchen ausdrückt, sondern für das Kind schlechthin. Der Grund hierfür ist vor allem in der sensualistischen tabula-rasa Anthropologie der frühen Aufklärung zu sehen, wie sie etwa das pädagogisch-anthropologische Denken eines John Locke in England bestimmt. Was den Menschen, besonders den jungen Menschen, prägt, hält auch bereits Fénelon dafür, sind die nachhaltigen „Eindrücke" (impressiones) in seine Seele, in sein Gemüt, in sein gleichsam unbeschriebenes Gehirn. Darum soll das Kind in seiner Wissbegierde angeregt, zum Lernen ermuntert werden. Jede frühe Unterweisung soll mit Spielen verbunden sein. Ein „freundliches Angesicht", „Vertrauen und Offenheit im Umgang mit Kindern" sind hilfreicher als schroffes „Hervorkehren der Autorität". Man soll den Kindern Mut machen, auch in der Erziehung zur Gesundheit, nicht ihr Versagen tadeln, sondern ihre kleine Erfolge betonen und loben. Gleichwohl ist Fénelon noch kein Vertreter einer ‚modernen' Erziehung. Sein Bild vom Menschen ist noch ganz theologisch geprägt durch die Verderbtheit und Erbsündigkeit des Menschen. Charakterisiert ist der Mensch durch seine Schwäche; er ist ständig bedroht durch Sünde, Krankheit, Not und Tod. In dieser Auffassung unterscheidet er sich noch wenig von der Ansicht des bereits zitierten Arztes Roelans von Mecheln: „Es sei nicht auffällig, dass die Säuglinge viel weinen; haben sie doch schon für die Schuld des Stammvaters Adam zu büßen".

Einen wirklich neuen Impetus für die Pädagogik des 18. Jahrhunderts, auch für die medizinische Pädagogik, vermittelt erst Jean Jaques Rousseau. „Alles ist gut, wie es aus den Händen des Schöpfers kommt; alles entartet unter den Händen des Menschen". Mit diesem programmatischen Satz eröffnet Rousseau das erste Buch seines Erziehungsromans „Emile" und verwirft damit die Lehre von der quasi angeborenen Verderbtheit des

---

26 Deutsche Übersetzung: Gedanken über die Erziehung der Töchter. Hamburg u.a.: Buchenröder und Ritter, 1773. – [7] Bl., 91 S.; Vgl. zu Fénelon auch: Ulrich Herrmann, Kind und Familie im 18. Jahrhundert, in: Das Kind im 18. Jahrhundert – Beiträge zur Sozialgeschichte des Kindes, Lübeck 1988, S. 9-22, hier 9-10 (dort auch ältere Literatur).

Menschen. Von Natur aus ist der Mensch, ist das Kind gut, und daher soll es auch möglich sein, das Kind als Menschen zum Bürger zu vervollkommnen. Hier bereits drückt sich der aufklärerische, fortschrittsorientierte Impetus einer neuen Anthropologie und Pädagogik des 18. Jahrhunderts als Glaube an die „perfectibilité de l'homme" aus. Es ist nicht mehr eine angenommene Schwäche, Sündigkeit und Verderbtheit, die Anlaß gibt, auf die Eigenthümlichkeiten und Neigungen des Kindes und des Heranwachsenden korrigierend zu achten, sondern weil sich in ihnen bildbare Selbsttätigkeit und fördernswerte Selbständigkeit des späteren Erwachsenen zeigen[27].

Für die Kindermedizin der Aufklärung ergeben sich aus diesem Wandel der pädagogischen Auffassung des Kindes im Grunde alle Ziele der Gesundheitserziehung. Geradezu programmatisch nannte der Heidelberger Aufklärungsarzt Franz Anton Mai seine Vorlesungen für Jungen und Mädchen auch „Über die Mittel, gesund, stark und schön zu werden"[28]. Das Streben nach kindlicher Schönheit (Callipädie) ist hier ebenso einzuordnen wie das nach dem von Nicolas Andry propagierten Ideal des geraden Wuchses (Orthopädie)[29]. Andrys Intention ging dabei jedoch weit über die Korrektur der kindlichen „deformités du corps" hinaus, sondern erstreckte sich auf den gesamten Bereich der kindlichen Erziehung und damit auf die Frage, wie Eltern „ihre Kinder vernünftig und gesund erziehen sollen". Weitere Ziele der aufgeklärten Pädiatrie waren auf die Verlängerung des Lebens gerichtet, wofür besonders Christoph Wilhelm Hufelands „Makrobiotik"[30] steht, sicher mit besonderem Blick auf die Kinder

---

27 Vgl. hierzu: Herrmann, Kind und Familie (1988), S. 11-12.
28 Vgl. Seidler, E., Lebensplan u. Gesundheitsführung. M. u. d. med. Aufklärung in Mannheim, ibid. ²1979.
29 Vgl. Nicolas Andry: Orthopädie, oder die Kunst, bey den Kindern die Ungestaltheit des Leibes zu verhüten und zu verbessern: alles durch solche Mittel, welche in der Väter und Mütter, und aller der Personen Vermögen sind, welche Kinder zu erziehen haben. Hrsg. und Bearb. des Reprints: D. Wessinghage. – Reprint der Ausg. Berlin 1744, Stuttgart [u.a.]: Schattauer, 1987. – 603 S.
30 Vgl. zu Hufeland: NDB 10, 1-7; Callisen 9 (1832), 221–80; Callisen 29 (1841), Nachtrag zu Bd. 9, 76–92. Pfeifer, K., C.W.H., Mensch u. Werk, Halle 1968; Genschorek, W., C.W.H. – Der Arzt, der das Leben verlängern half, Leipzig ⁶1986; Neumann, J.N.,

aber auch sein „Guter Rat an die Mütter über die wichtigsten Punkte der physischen Erziehung der Kinder in den ersten Jahren" (1799); bereits 1762 hatte sich hierzu der Genfer Arzt Jaques Ballexserd (1726-1774) in seiner Antwort auf die Preisfrage geäußert:

> „Wie soll man die Kinder von ihrer Geburtsstunde an bis zu einem gewissen mannbaren Alter (so alhier in das 15. oder 16. Jahr gesetzt wird) der Natur nach erziehen, dass sie gesund bleiben, groß und stark werden und ein langes Leben haben können?"[31]

So verwunderlich es heute vielleicht erscheinen mag, auch die Erziehung zu einem „glücklichen Leben" fiel keineswegs nur in das Gebiet der Pädagogik, sondern selbstverständlich auch in das der Pädiatrie. Damit tritt deutlich fassbar neben die ästhetische und makrobiotisch ‚Konstruktion' des Kindes auch die moralisch-soziale. Viele Anhandlungen über Kinderkrankheiten jener Zeit beginnen mit einem Diskurs über diätetische Lebensordnung und moralische Erziehung. Gerade diese sei, so schrieb etwa der Kasseler Stadtarzt Carl Bernhard Fleisch in seinem „Handbuch über die Krankheiten der Kinder und über die medicinisch-physische Erziehung derselben bis zu den Jahren der Mannbarkeit", mit der „physischen durch engste Harmonie verbunden" (Leipzig, um 1801). Auf die enge Verzahnung von körperlicher und seelischer Erziehung hat auch Christoph Wil-

---

C.W.H., in: Klassiker d. Med. 1, München 1991, 339-59; Mayer, P., Christoph Wilhelm Hufeland und der Brownianismus, Inauguraldissertation zur Erlangung des Doktorgrades der Medizin, Johannes Gutenberg-Universität Mainz 1993; Kiefer, J., Christoph Wilhelm Hufeland (1762-1836), in: Kiefer, J.; Köhler, W. (Hg.), Jenaer Universitätslehrer als Mitglieder der Akademie Gemeinnütziger Wissenschaften zu Erfurt: Beiträge zu Leben und Werk, Erfurt 1997, S. 41-54.

31 Jaques Ballexserd: Wichtige Frage, Wie soll man Kinder, von ihrer Geburtsstunde an, bis zu einem gewissen mannbaren Alter (so alhier in das 15te oder 16te Jahr gesetzt wird) der Natur nach erziehen, Daß sie gesund bleiben, groß und stark werden und ein langes Leben haben können? – Aus dem Französischen übersetzt / Gründlich und merkwürdig aufgelöset von dem Hr. Ballexserd, … welcher Dieser geschickten Auflösung wegen von der hochberühmten Akademie der Wissenschaften zu Harlem in Holland den Preis … den 21. May 1762. davongetragen Straßburg : König, 1763. – [4] Bl., 196 S., [2] Bl.

helm Hufeland in seinem „Guten Rath an die Mütter" (1799)[32] verwiesen. Mit der „diätetischen Empfehlung, die Kinder fleißig zu waschen" werde nicht nur die physische Erziehung gestaltet, der Körper gekräftigt, sondern auch die Seele gebildet. Sie ist ja nur die andere Seite des Körpers und kann durch körperliche Erfahrung sensualistisch geprägt werden. In diesem Sinne ist auch der Kemptener Arzt Christoph Jakob Mellin (1783) zu verstehen, wenn er neben der physischen auch die sittliche Bildung der Kinder fordert, in die selbstverständlich die Erziehung der Eltern einzubeziehen ist: „Man muß zuerst den Vater ziehen, dann kommt die Reihe an den Sohn"[33]. Die pädagogische wie die sozialpädiatrische Erziehung der Kinder folgt in dieser Hinsicht auch keineswegs einer individualistischen Konzeption, sondern sie ist auf das Leben in der unmittelbaren sozialen Gruppe und darüber hinaus auf das Wohl des Staates gerichtet. Für Franz Anton Mai sind sowohl die körperliche als auch die sittliche Erziehung des Kindes jene Säulen, auf denen die Wohlfahrt des Staates ruht.

---

32 Deutsche Neuauflage: Guter Rat an Mütter über die wichtigsten Punkte der körperlichen Erziehung der Kinder in den ersten Jahren : nebst einem Unterricht für junge Eheleute die Vorsorge für Ungeborene betreffend / von Christ. Wilh. Hufeland. Neu hrsg. und mit einem Vorw. vers. von Heinrich Kirchmair Grenzach/Baden : Dt. Hoffmann-La Roche AG, [ca. 1962].

33 Chr. J. Mellin: Der Kinderarzt, 2. Aufl., Kempten 1783; hier zit. nach Johannes Oehme: Physische und moralische Erziehung der Kinder im 18. Jahrhundert (Gesundheitserziehung), in: ders. (Hrsg.), Das Kind im 18. Jahrhundert. Beiträge zur Sozialgeschichte des Kindes, Lübeck 1988, S. 119-132, hier 129.

„Voll unrath und schleim"
Der ärztliche Zugriff auf die Neugeborenenbetreuung

Iris Ritzmann

Einleitung

Die Tradition medizinischer Schriften zur Behandlung von Kindern reicht bis in die Antike zurück. Im Verlauf des 18. Jahrhunderts häuften sich diese frühpädiatrischen Druckerzeugnisse. In schriftlichen Anweisungen für Hebammen und Chirurgen oder als Anhang zu allgemeinen medizinischen Ratgeberbüchern versuchten Ärzte, auf die Betreuung der Kinder Einfluss zu nehmen. Die Abhandlungen wurden vorwiegend in deutscher Sprache verfasst, um eine möglichst breite Leserschaft zu erreichen. Diese Quellen ermöglichen sowohl einen Einblick in damalige medizinische Lehrmeinungen als auch einen Zugang zu größeren gesellschaftlichen Zusammenhängen wie berufliche, aufklärerische und bevölkerungspolitische Interessen der Ärzteschaft.

Immer wieder finden sich in diesen populär gehaltenen Publikationen spezifische Abschnitte zur Neugeborenen- und Säuglingspflege. Anhand verschiedener medizinischer Quellentexte aus dem Zeitraum 1710 bis 1790 möchte ich auf die ärztlichen Ratschläge zur Neugeborenenpflege in den ersten Tagen nach der Geburt eingehen. Gerade in diesem Bereich treten die spannungsreichen Verbindungen zwischen „Volksmedizin" und akademischer Medizin, die wachsende ärztliche Definitionsmacht für die Neugeborenen als neuer Patientengruppe, aber auch die direkte Übernahme von Einstellungen zu Körper und Reinlichkeit in die Lehrmeinung besonders deutlich hervor. Im Vordergrund stehen dabei folgende Fragen: An wen wandten sich die Ärzte mit ihren Empfehlungen? Worauf führten sie Krankheiten und Todesfälle der Neugeborenen zurück? Welche

Ratschläge erteilten sie? Welches Bild des mütterlichen Körpers stand hinter ihren Krankheitskonzepten? Und in welchem standespolitischen Kontext standen diese ärztlichen Bemühungen?

Das Neugeborene wird zum Patient

Wer kümmerte sich im 18. Jahrhundert um die Neugeborenen der ärmeren Bevölkerung? Im Gegensatz zu den Hofärzten, die sich auch um den jüngsten Nachwuchs des Hochadels kümmerten, lag die Betreuung der Säuglinge in den breiten Gesellschaftsschichten fast ausschließlich in Frauenhänden. In den von mir bearbeiteten Quellen stieß ich auf Hebammen und Ammen, Kindsfrauen und nicht näher definierte Pflegefrauen und schließlich auf die Mutter als Frauentypen, die sich um die Neugeborenen kümmerten. Nur für ganz spezifische Aufgaben, vor allem bei Missbildungen, wurde ein Chirurg und noch seltener ein Medicus zugezogen.

Gelehrte Ärzte hatten mit dem Neugeborenen im Grunde genommen kaum je konkret zu tun. Umso interessanter imponiert daher der Versuch verschiedener Ärzte, das Neugeborene – und zwar ganz generell, also nicht nur das kranke Neugeborene – als Patient zu definieren. Christian Friedrich Richter (1676-1711), Arzt in den Frankeschen Stiftungen in Halle, richtete sein Buch mit dem Titel „Die höchst-nöthige Erkenntniß des Menschen..." an die Bevölkerungsanteile, die keinen Zugang zu einem gelehrten Arzt hat. Es erschien 1710 bereits in der dritten Auflage. Das Kapitel über die Krankheiten der kleinen Kinder beginnt mit den Sätzen: „§1. So bald ein Kind zur Welt geboren, ist es in gewisser Maaße als ein Patient zu consideriren, indem sich in dessen Magen und Gedärmen [...] nicht nur eine ziemliche Menge von Unreinigkeit befindet, sondern auch eine Unreinigkeit von so schlimmer Beschaffenheit, daß sie, wenn sie nicht recht außgereiniget, und vortgebracht wird, zu gar vielen, auch zum Theil sehr gefährlichen Zufällen und Kranckheiten grosse Gelegenheit giebt." Der Zugriff der Medizin auf das Neugeborene wird hier mit dessen Unreinheit definiert. Doch wie auch immer die Begründung lauten mochte, immer stand nach Ansicht der Ärzte zu befürchten, dass der Säugling ohne ärztliche Hilfe gefährlichen Krankheiten ausgesetzt sei. Richter wiederholt denn auch seine Warnung: „Wenn diese erste Reinigung der Kinder nicht versäumet wird, so begegnet man dadurch vielen Zufällen, denen sie sonst, wenn solches verabsäumet wird, unterworfen seyn".[1]

In welcher Funktion aber konnte sich der Arzt für die Betreuung des Neugeborenen zuständig fühlen? Christian Weißbach (1684-1715) verfasste eine „Warhaffte und gründliche Cur Aller dem Menschlichen Leibe zustossenden Kranckheiten", die 1725 bereits in der 5. Auflage erschien. Sie enthält eine längere Abhandlung über die Kinderkrankheiten, in der gleich zu Beginn die Rolle des Arztes definiert wird. „Der mensch bringt einen elenden leib mit auf diese welt/ und hat gleich nöthig/ daß der artzt an demselben flicke. Denn zu geschweigen/ daß er mehr ein unförmliches thier als ein wohlgestalter mensch werden würde/ wenn ihm die nabelschnur nicht gebunden und beschnitten/ und die äusserliche haut von dem schleim gereiniget würde/ so bringet er auß mutter-leibe einen leib voll unrath und schwartz-grünen schleim Moeconium genannt mit sich/ welcher/ wenn er nicht fortgeschaffet wird/ grimmen/ schmertzen/ ja gar die schwere noth [Epilepsie] erreget."[2]

In diesem Zitat schreibt sich der Arzt Aufgaben zu, die er in Wirklichkeit kaum je wahrnimmt. Das Neugeborene ist plötzlich sein Patient geworden. Es benötigt nicht irgendeine Hilfsperson, sondern explizit einen Arzt. Wieso aber werden die Aufgaben der Hebamme, die doch eher als niedrig betrachtet werden, hier dem Arzt übertragen? Diese erste Verpfle-

---

1 Richter, Christian Friedrich, Höchstnöthige Erkenntniss des Menschen, sonderlich auch dem Liebe und natürlichem Leben oder deutlicher Unterricht von der Gesundheit und deren Erhaltung etc., Leipzig ³1710, S.1217ff. Richter war Aufgrund seiner „Haus-, Reise- und Feldapotheke" entstand in den Stiftungen eine Apotheke, die diese Medikamente herstellte und verkaufte. 1708 erschien die „Höchstnöthige Erkenntniss des Menschen" in der ersten, 1791 in der 17. Auflage.

2 Weißbach, Christian: Dissert. de intentione & inventione naturae in administratione oeconomiae vitalis = die wahrhaffte und gründliche Cur aller dem Menschlichen Leibe zustossenden Kranckheiten: nach der vernünfftigen und unverrückten Methode der Natur, samt einem physico-moralischen Vorbericht, von dem Menschlichen Leide, und der darinn wurckenden Seele / entworffen, und mit vielen Medicamentis specificis versehen, Straßburg ⁵1725, S. 560ff.

gung des Säuglings bezweckt nach Weißbach, dass es sich überhaupt zum Mensch – und nicht zum unförmigen Tier entwickelt. Freilich bleibt die konkrete Neugeborenenversorgung nach wie vor in Frauenhänden; der Arzt muss sich selber die Hände bei Abnabelung und Waschung oder der Verabreichung von Klistieren nicht beschmutzen, denn er ist allein durch seine Anweisungen theoretisch präsent und leitet diese Tätigkeiten, die das Wohlergehen des Säuglings und damit auch das Wohlergehen des Staates bestimmen.

Die Zuordnung des Neugeborenen zur Kategorie „Patient" bezieht sich auf die als lebensnotwendig betrachtete Pflege, die neben der Abnabelung die Reinigung und andere Eingriffe beinhaltet. Das neugeborene Kind ist somit durch seine Hilfebedürftigkeit einem kranken Kinde gleich, ohne dass es selbst krank sein muss. Ähnlich wie in der Entwicklung der Geburtshilfe geht es auch in den Anfängen einer ersten Neonatologie um den Einbezug einer mehrheitlich gesunden Bevölkerungsgruppe in die Medizin. Nicht Krankheit, sondern körperliche Hilflosigkeit und Gefährdung durch verdorbene Stoffe charakterisieren die Zuordnung zum Patient.

Und noch eine Parallele zur Geburtshilfe lässt sich ausmachen: Mit der Entwicklung der ärztlichen Geburtshilfe vergleichbar, findet der Zugriff auf das Neugeborene nicht direkt statt. Indem Ärzte das Neugeborene zum Patient erklären, ändert sich eigentlich nichts, jedenfalls weitet sich ihre Klientel damit kaum aus. Wenn wir diesen Einbezug der Säuglinge in die ärztliche Klientel als Medikalisierung bezeichnen wollen, so findet diese nur in der Ratgeber- und Ärzteliteratur, also auf einer rein theoretischen Ebene statt. Die Ärzte sind nach wie vor während bzw. nach der Geburt im Allgemeinen nicht anwesend. Der Arzt als direkter Betreuer des Neugeborenen steht gar nicht zur Diskussion. Es ändert sich also nichts bis auf den ärztlicherseits erhobenen Anspruch einer „Verärztlichung" der Neugeborenenpflege, der bloß theoretisch im Raum steht.

Die Medikalisierung der Betreuerinnen

Mit den eingehenden Vorschriften und Warnungen, wie Frauen mit den Neugeborenen umzugehen haben, bezwecken die ärztlichen Autoren also nicht die Übernahme der konkreten Säuglingsbetreuung. Das Kind wird vielmehr zum Mittel, um medizinisch begründete Vorschriften für die weiblichen Pflegepersonen zu erlassen. Diese weiblichen Bezugspersonen kümmerten sich natürlich auch schon zuvor um den Säugling, jetzt aber sollten sie sich nach den Anweisungen der Ärzte richten, was einer „Medikalisierung" dieser Betreuerinnen gleichkommt. Dabei verstehe ich unter diesem mittlerweile beinahe schon wieder abgegriffenen Modeausdruck im engeren Sinne die Rekrutierung einer neuen Bevölkerungsgruppe als ärztliche Klientel. [3]

Ein geeignetes Mittel, die Einhaltung von Vorschriften zu bewirken, ist das Heraufbeschwören drohender Gefahren. Die ärztlichen Anweisungen betonen daher oft, dass Frauen die Kinder gefährden, wenn sie die ärztlichen Anweisungen nicht befolgten. Es geht – so die Argumentation – um Leben und Tod, um Gedeih und Verderb hilfloser Neugeborener. Dadurch erhält diese Literatur eine stark moralische Note. Kindsfrauen, Mütter und Ammen konnten zwar nicht zur Befolgung gezwungen werden, doch die Vorstellung, das Neugeborene sei ohne die ärztliche Beihilfe Krankheiten, lebenslanger Schädigung und Tod ausgesetzt, verschaffte dem Arzt immerhin die Berechtigung, zumindest theoretisch in die Beziehung zwischen Kind und Bezugspersonen und mit Verhaltensvorschriften sogar in den Familien-Alltag und weiblichen Intimbereich vorzudringen.

---

3   Zu diesem Begriffsverständnis von Medikalisierung vgl. z.B. Wolff, Eberhard, Gesundheitsverein und Medikalisierungsprozess. Der Homöopathische Verein Heidenheim / Brenz zwischen 1886 und 1945, Tübingen 1989 (Studien und Materialien des Ludwig-Uhland-Instituts der Universität Tübingen 2), S. 226f; Loetz, Francisca, Vom Kranken zum Patienten. „Medikalisierung" und medizinische Vergesellschaftung am Beispiel Badens 1750-1850, Stuttgart 1993 (MedGG Beiheft 2), v.a. S. 298-303; Dinges, Martin, Medicinische Policey zwischen Heilkundigen und „Patienten" (1750-1830); in Härter, Karl (Hg.), Policey und frühneuzeitliche Gesellschaft, Frankfurt a.M. 2000, S. 263-295, v.a. S. 286-293. Vgl. auch weiterführende Literaturangaben in diesen Publikationen.

Im Verlauf des frühen 18. Jahrhunderts edierte Ernst Michael Ettmüller (1673-1732), Professor in Leipzig, die Bücher seines Vaters Michael Ettmüller (1644-1683), der auch schon Professor in Leipzig gewesen war. Diese Werke, die an sich aus dem 17. Jahrhundert stammten, erschienen zuerst auf lateinisch, später in deutscher Sprache. Die medizinische Schrift „Kurtzer Begriff der gantzen Artzney-Kunst", welche die Kur aller menschlichen Krankheiten bekannt geben will, scheint mir inhaltlich, möglicherweise auch durch ihre Beliebtheit für das 18. Jahrhundert repräsentativ zu sein: 1735 wurde das Werk bereits in der 9. Auflage herausgegeben, wenngleich mir die Größe der Auflagen unbekannt ist.

Das Kapitel „Die Kranckheiten der kleinen Kinder" zählt die Ursachen aller Säuglingskrankheiten kurz und bündig in vier Punkten auf: „Die kranckheiten aber, die die kinder überfallen, kommen vornehmlich von 4 ursachen her: nemlich 1) von beybehaltenem unflath in gedärmen, 2) von verstopffung der unempfindlichen ausdünstung, 3) von schadhaffter milch, und 4) vom üblen mueß her."[4] Dieses Erklärungsmodell schiebt den Betreuerinnen letztlich die Verantwortung für alle Krankheiten der Kleinkinder zu. Das verbliebene Kindspech ist Zeichen einer unterlassenen Darmreinigung, die die Betreuerin mit Abführmittel oder Klistier hätte durchführen müssen. Die Verstopfung der Ausdünstung weist auf eine ungenügende Reinigung und falsche Ernährung des Kindes hin. Die schadhafte Milch kommt durch Fehlverhalten oder Charakterschwächen von Mutter oder Amme zustande, und das üble Mus weist wiederum auf ein Fehlverhalten der Pflegepersonen hin.

Analoge Erklärungsmodelle mit geringen Abweichungen führen auch zahlreiche andere Autoren auf. Zuweilen kommen in der Beschreibung einzelner Krankheiten auch andere ätiologische Faktoren zur Sprache, die aber im engen Zusammenhang mit der Pflegesituation stehen. Im allge-

---

4 Ettmüller, Michael, Kurtzer Begriff der gantzen Artzney-Kunst, Frankfurt; Leipzig ^{9}1735, S. 690ff. Vater Ettmüller war 1676 PD an medizinischer Fakultät in Leipzig, 1681 Prof. der Botanik, a.o. Prof. der Chirurgie. Er verstand sich als Vertreter der Chemiatrie und experimentierte mit Infusionen verschiedener Arzneimittel in Tiervenen. Der Sohn Ernst Michael wurde 1702 Prof., 1709 ord. Prof. für Physiologie, ab 1724 auch für Pathologie in Leipzig.

meinen Teil sind jedoch die Frauen, die sich um das Neugeborene kümmern, an dessen Krankheiten schuld.

Da die Betreuerinnen aus Unwissenheit falsch handeln, rechtfertigt dieses Wissensvakuum ein Eingreifen der sich wissend gebenden Ärzte. Diese Argumentation verstärkte sich im Verlauf des 18. Jahrhunderts, in dem bevölkerungspolitische Überlegungen, aber auch berufliche Interessen des ärztlichen Standes immer stärker in den Vordergrund traten.

In der vom medizinischen Ober-Kollegium in Berlin herausgegebenen „Kurzen Anleitung für Wundärzte" aus dem Jahre 1785 etwa steht, dass „die meisten Krankheiten der Kinder des gemeinen Mannes hauptsächlich theils von der Unreinigkeit, theils aber auch vom Verfüttern und übeln Verhalten der Mutter herrühren",[5] weshalb sich das Kollegium mit detaillierten Vorschriften an die Eltern wendet. Von einer Bewertung abgesehen, stellt sich die Frage nach der Herkunft dieser Kenntnisse. Woher, wenn nicht von den Betreuerinnen selbst, sollten diese Autoren wissen, wie die Mutter ihr Kind zu waschen hat, wie sie es wickeln und stillen muss, welche Nahrung ihm bekömmlich ist oder wie häufig sie Windeln und Hemdlein wechseln soll? Diese Aneignung von „Frauenwissen" legitimierte einerseits die neue Rolle der Ärzte als neue Fachleute, diente ihnen andererseits aber zugleich als Instrument, Frauen gegenüber eine Machtposition einzunehmen und ihnen ihr Verhalten vorzuschreiben. Eine „Medikalisierung" fand insofern statt, als dass nun Ärzte im Bereich der Neugeborenenpflege, der zuvor nicht zum ärztlichen Wirkungskreis gehörte, die Richtigkeit des Verhaltens beurteilten, Anweisungen erteilten und damit die Betreuerinnen zu ihrer Klientel machten.

Das bedrohliche Leibesinnere der Mütter

Eine der stets wiederholten Mahnungen beinhaltet, die erste Reinigung des Kindes schnell und gründlich zu vollziehen. Sie musste von außen mittels

---

5 Medizinisches Ober-Kollegium (Hg.), Kurze Anleitung für die Wundärzte auf dem platten Lande wie solche bey der Kur der innerlichen Krankheiten unter den Menschen verfahren sollen, Berlin 1785, S. 173-194.

Bad und Waschungen und von innen mittels Klistier, Brechmittel und Purgiermitteln vorgenommen werden, zuweilen werden im Zusammenhang mit Reinigung auch Blutentnahmen mit Aderlass, Blutegeln oder Öffnen der zugebundenen Nabelschnur erwähnt. Für die Purgation verschrieben die Ärzte verschiedene Tränke, z.b. Rhabarbersirup oder für die armen Leute ein Pulver aus Mäusekot. Der Churpfälzische Oberamts-Physikus Gottfried Samuel Bäumler etwa richtete sich mit seinem Ratgeber „Mitleidiger Arzt" ausdrücklich an die abgelegen wohnenden Landleute, damit sie sich selbst curiren können. Er beschreibt das Vorgehen bei der Geburt und schließt an: „Wenn nun also das Kind wohl besehen, gesäubert, und eingewickelt worden, so ist das allernöthigste, daß man die Unreinigkeiten der Gedärmen ausfege."[6]

Auch der bekannte Landarzt Samuel Auguste Tissot (1728-1797) setzte in seiner „Anleitung für Landleute", die erstmals 1761 erschien und schon 1767 in der 3. Auflage in deutscher Übersetzung vorlag, besonderes Augenmerk auf die Reinigung vom Kindspech. Es sei dies eines der wichtigsten Mittel überhaupt zur Gesunderhaltung der Säuglinge. Sie soll folgendermaßen vor sich gehen: Das Neugeborene darf die ersten 24 Stunden nach der Geburt keine Milch zu sich nehmen. Während viele Zeitgenossen das Kolostrum, die erste Milch, als natürliches Mittel zur innerlichen Reinigung empfehlen, hält Tissot diese Milch für schädlich. Während des ersten Tages soll dem Neugeborenen nur Wasser mit Zucker oder Honig und Abführmittel in Form von Wägwart-Syrop mit Rhabarbern verabreicht werden. „Dieser Gebrauch hat die grösten Vortheile, und es wäre daher zu wünschen, daß er allgemein eingeführt würde",[7] unterstreicht Tissot die Bedeutung seiner Anweisung.

---

6 Bäumler, Gottfried Samuel, Mitleidiger Arzt, welcher überhaupt alle arme Kranke, insonderheit aber die abgelegenen Landleute gründlich und aufrichtig lehret wie sie mit gemeinen Hausmittel – sich selbst curiren können, Frankfurt; Leipzig ^{5}1780, S. 573ff. Bäumler lebte bis ca. 1740 und war curpfälzischer Oberamts-Physicus zu Germersheim. Die Schrift „Mitleidiger Arzt" kam in der dritten Auflage 1743, in der 5. Auflage von Behr umgearbeitet und vermehrt 1780 heraus.

7 Tissot, Samuel Auguste David, Anleitung für das Landvolk in Absicht auf seine Gesundheit [...], Zürich ^{3}1767 (übers. H. C. Hirzel), S. 402-431. Tissot gehört zu den be-

Wieso muss das Neugeborene überhaupt derart exzessiv gereinigt werden? Es stellt sich die Frage, woher den all dieser Schmutz kommt. Erinnert sei an Weißbachs Vorstellung: Der Mensch bringe „auß mutterleibe einen leib voll unrath und schwartz-grünen schleim" mit sich. Der ganze Dreck, der dem Säugling so gefährlich wird, stammt also aus dem weiblichen Körper. Diesen Vorstellungen entsprechend befand sich das ungeborene Kind in einer Gebärmutter, die vor unappetitlichen Substanzen wie Unrat oder Schleim strotzte.

Die gefährlichen weiblichen Emotionen

Offensichtlich schienen vor allem die weiblichen Körperflüssigkeiten große Ängste ausgelöst zu haben. Ausdrücklich werden erwähnt: die flüssige Umgebung in der Gebärmutter, die Mutter- oder Ammenmilch, der weibliche Speichel, wenn er etwa in den Nahrungsbrei des Kindes gelangte, und das Menstruationsblut, das die Milch verderben konnte. Nach Ettmüller etwa schade es dem Kind, wenn die Ammen oder Mütter „ihre monatliche zeit bekommen [...] dadurch die milch verderbt". Ferner sei es schädlich, „daß ungesunde ammen das mueß erst in ihren eigenen mund nehmen, und es mit ihrem speichel anfüllen, hernach aber dem kinde reichen; denn der speichel hat eine solche gehrende krafft, daß jedwede kranckheit geschwinde dadurch kan fortgepflanztet werden."[8]

Die Frauen trugen also in mehreren Dimensionen Verantwortung für das Leiden ihrer Kinder. Sie schädigten das Kind mit der Unterlassung, den ärztlichen Vorschriften nachzukommen, also mit dem, was sie nicht taten. Sie schädigten es ebenfalls mit dem, was sie taten, wenn sie bei-

---

kanntesten Ärzten des 18. Jahrhunderts. Er praktizierte in Lausanne und wurde u.a. berühmt durch seine beiden populärmedizinischen Werke über die Onanie und die „Anleitung für Landleute", die innerhalb von 6 Jahren in 10 Auflagen erschien und in prakt. alle europäischen Sprachen übersetzt wurde. Zu Leben und Werk vgl. Barras, Vincent; Louis-Courvoisier, Micheline (Hg.), La médecine des Lumières: tout autour de Tissot, Chêne-Bourg / Genève 2001.

8 Ettmüller (wie Anm. 4).

spielsweise dem Neugeborenen Milch zu trinken gaben, oder – bei anderen Autoren – wenn sie ihm keine Milch zu trinken gaben. Gefahren gingen aber auch vom weiblichen Körper mit seinen Ausflüssen und den weiblichen Emotionen an sich aus. Eigentlich wurde nach damaliger ärztlicher Auffassung das Neugeborene von der gesamten Lebensweise der Frauen, die sich wiederum in ihren Körpersäften ausdrückte, bedroht.

Besonders verhängnisvoll wirkten sich in diesem Erklärungsmodell die weiblichen Emotionen aus. Diese per se schädlichen Emotionen und ihre Auswirkungen galt es in den Griff zu bekommen. In diesem Zusammenhang dominierte das Thema „Stillen" die ärztlichen Anleitungen zur Kinderpflege durch das ganze 18. Jahrhundert hindurch und darüber hinaus.[9] Nach übereinstimmender Meinung stand die Qualität der Milch in direkter Beziehung zum Verhalten der Milchproduzentin, sei es Mutter oder Amme. Bei zahlreichen Säuglingskrankheiten war nach Ansicht der Ärzte die schlechte, saure oder verdorbene Milch schuld. Die Wundarzt-Anleitung des Berliner Oberkollegiums schreibt beispielsweise vor: „Die Mutter muß sich während des Stillens vor allem heftigen Schreeck, Zorn, Erkältung, Erhitzung, hitzigen Getränken und blähenden Speisen in acht nehmen, auch sich des Beyschlafs gänzlich enthalten. Nie aber muß sie nach einer heftigen Erschütterung des Körpers oder des Gemüths das Kind sogleich anlegen, sondern sich zuvor erst ausmelken und eine Stunde warten, ehe sie dem Kinde die Brust reicht."[10] In diesem Zusammenhang standen auch die Stillbereitschaft der Mütter sowie die charakterlichen Eigenschaften für die Einstellung guter Ammen zur Diskussion. Auch wenn diese Vorschriften keinen zwingenden Charakter hatten, so rechtfertigte das Verursacherprinzip, das weibliches Verhalten für die Krankheiten der Kinder verantwortlich machte, doch zumindest in der Theorie radikale Eingriffe in die gesamte Lebensweise der Frauen.

Ein Zuviel an Säure während der Schwangerschaft etwa verursache nach Ettmüller die Epilepsie der Neugeborenen. Während der Stillphase

---

9 Vgl. Grob-Weinberger, Elisabeth Lorna, Ammenmärchen? Ärztliche Stellungnahmen zum Ammenwesen im Zeitalter der Aufklärung, Aarau 1998.
10 Medizinisches Ober-Kollegium (wie Anm. 5).

sei es dagegen gefährlich, wenn sich die Ammen oder stillenden Mütter „in denen gemüths-bewegungen, zum exempel, schrecken, zorn, nicht zu mäßigen wissen; dadurch sie leicht dem kinde ein böses wesen zu wege bringen können".[11]

Teilweise beschränkten sich die Ärzte nicht auf Verhaltensanweisungen, sondern gaben Rezepte an. Richter etwa verschrieb den Müttern und Ammen Pülverchen und Pillen, um die Schärfe der Milch zu mildern: „müsten sie des Morgens früh, Vormittages um 10, und Nachmitt. um vier Uhr das Pulver wider die Schärfe gebrauchen, des Abends aber von den Polychrest-Pillen einnehmen, welches auch zu thun nöthig ist, wenn sie sich erzürnen, oder wenn sie erschrecken."[12] Da diese Polychrest-Pillen in den Franckeschen Anstalten zu Halle unter Richters Anleitung hergestellt wurden, verfolgte er mit diesem Ratschlag vermutlich auch höchsteigene Interessen.

Falls die Mütter und Ammen die Anweisungen zur Verhinderung verdorbener Milch nicht befolgen würden, mussten sie befürchten, dass die Kinder an den „Gichtern" sterben. Unter den Bezeichnungen Gichtern, Fraisen, Zuckungen, Jammer und etlichen anderen Namen verstand man krampfartige Zustände verschiedenster Ursache. Der königliche Leibarzt Anton von Störck (1731-1803) kommt in seinem Medicinisch-praktischen Unterricht für die Feld- und Landwundärzte 1789 auf dieses gefährliche Leiden zu sprechen: „Nicht selten aber werden auch Fraisen und Zuckungen bey den Kindern von Seite der Säugamme verursachet, wenn diese nämlich nach einem heftigen Zorn, Schrecken oder anderer gewaltiger Gemüthsbewegung das Kind säugen läßt." Zur Therapie empfiehlt er, die Brüste auszumelken und dem Kind ein Abführmittel zu geben.[13] Tissot erwähnt die Gichter als die wichtigste Todesursache der Säuglinge überhaupt. Verantwortlich macht er ebenfalls vor allem die schlechte Mutter-

---

11 Ettmüller (wie Anm. 4).
12 Richter (wie Anm. 1).
13 Stoerck, Freiherr Anton von, Medicinisch-praktischer Unterricht für die Feld- und Landwundärzte der österreichischen Staaten, 2. Teil, Wien ³1789, S. 183-204. Stoerck war 1758 erster Physicus, 1760 königlicher Leibmedicus, später Direktor der med. Fakultät in Wien, und brachte 1776 die Anleitung für Feld- und Landwundärzte heraus.

und Ammenmilch. Die Fehler der Milch entstünden, wenn die Säugamme in Verdruss oder Furcht geraten, ungesunde Speise, zuviel Wein oder geistige Getränke getrunken, wenn „ihre Reinigung sich erzeiget, bey deren sie gewöhnlich eine merkliche Zerrüttung ihrer Gesundheit leidet" oder wenn sie krank geworden sei. Das Kind stürze nach dem Trinken in heftige Zufälle, und sogar der plötzliche Tod könne die Folge sein. Wenn ein Neugeborenes erkranke, solle daher die Amme mit Klystieren und Absaugen der Milch gesäubert werden und dem Säugling ein bis zwei Tage nur Abführmittel, Brotbrühe und andere Suppen, auf keinen Fall jedoch Milch verabreicht werden.[14]

Wenn also die Muttermilch derart gefährlich war, wie sollten dann die Säuglinge ernährt werden? Auch breiartige Nahrung, die dem Neugeborenen im Allgemeinen von Anfang an eingegeben wurde, könne dem Kinde schaden. Das „Grimmen und Leibwehe", das Bäumler als eine „sehr gemeine Krankheit bey neugebohrnen Kindern" beschreibt, habe häufig die Ursache: „man stopfet es zu viel mit Brey, oder lässet es allzuviel an der Brust [...]".[15] Eine ernsthafte Alternative zur Frauenmilch oder zum Brei wurde aber nirgends empfohlen.

Die Beispiele für Vorschriften, die im Zusammenhang mit der Mutter- oder Ammenmilch stehen, ließen sich beliebig ergänzen. Sie alle gehen von den schädlichen Auswirkungen des weiblichen Körpers, des weiblichen Verhaltens, der weiblichen Ernährung und – vor allem – der weiblichen Emotionen aus. Doch nicht nur Schreck und Erschütterung, auch weibliche Gefühle von großer Zuneigung, die so genannte Mutterliebe, konnten sich negativ auswirken. So standen Mütter und Ammen im Verdacht, ihre Kinder zuviel zu stillen. Ettmüller etwa vertrat die Meinung, durch die Milch würde „der stein [Blasenstein] scharbock [Vit-C-Mangel], frantzosen-kranckheit und andere kranckheiten" auf die kinder fortgepflanzet werden, „wenn sie zu häuffig eingeflösset wird; da nemlich die mütter denen kindern bey dem geringsten schreyen die brüste einhengen, und neue milch, da die erste noch nicht verdauet ist, zu trincken geben,

---

14 Tissot (wie Anm. 7).
15 Bäumler (wie Anm. 6).

deßhalben sie gerinnet, und das rechte magenmundloch anreitzet, darauf entweder ein erbrechen, oder dessen feste zusammenschliessung erfolget, und sich allerhand fauler, garstiger, grüner unrath im magen sammlet."[16]

Bei Tissot kommen weibliche Gefühle der Zuwendung ebenfalls negativ zur Sprache. Er prangert die übermäßige Verzärtelung der Neugeborenen an und steht damit in einer Linie mit seinem Zeitgenossen Jean-Jacques Rousseau (1712-1778). Auch Rousseau forderte 1760 in seinem zivilisationskritischen Erziehungsroman „Emile", jeder Säugling müsse abgehärtet werden, „Emile" gefordert, denn die Natur „übt die Kinder ohne Unterlaß, härtet ihre Physis ab durch Prüfungen aller Art und lehrt sie von früh an, was Schmerz und Leid ist. [...] Fast die ganzen ersten Lebensjahre sind Krankheit und Gefahr – die Hälfte der Kinder stirbt vor dem achten Lebensjahr. Hat es diese Prüfungen überstanden, ist seine Kraft gewachsen, und sobald es sein Leben nutzen kann, ist dessen Existenz besser gesichert. [...] Härtet ihren Körper ab gegen die Unbilden der Jahreszeiten und des Klimas, gegen die Elemente, gegen Hunger und Durst, gegen alle Strapazen – taucht sie ein in das Wasser des Styx." Grausam seien aber diejenigen Mütter, die ihre Kinder in verweichlichen und ihnen damit zukünftiges Leid antun: „sie öffnen ihre Poren Schmerzen aller Art, deren Beute sie unweigerlich werden, wenn sie erwachsenen sind." [17] Dieselbe Argumentation findet sich bei Tissot, wenn es um die Reinigung der Neugeborenen geht. Er empfahl, bereits in den ersten Tagen nach der Geburt kaltes Wasser zu verwenden. Er musste sich dabei den Gefühlen der Mütter widersetzen, die ihre Neugeborenen nicht in kalte Brunnen oder Bäche tauchen wollen. Anhand seiner Kaltwassertherapie unterscheidet Tissot zwischen einer guten, vernünftigen und einer schlechten, unwissenden Mutterliebe: „sie [die Mütter] werden glauben, sie würden auf diese Weise ihre Kinder tödten, werden daher nicht Muths genug haben, solches vorzunehmen, und fürnemlich dem Geschrey der Kinder, welches in den ersten Anfängen, wenn man sic waschet, entstehet, nicht

---

16 Ettmüller (wie Anm. 4).
17 Rousseau, Jean-Jacques, Emile oder über die Erziehung; hg. und übers. von Martin Rang, Stuttgart 1970, S. 127. Genaueres über den Umgang mit kaltem Wasser auf S. 151f. Die Kritik an der Verwöhnung durchzieht den ganzen Erziehungsroman.

wiederstehen können. Allein, wenn sie ihre Kinder wahrhaftig lieben, so können sie ihnen kein besseres Merkmahl ihrer Zärtlichkeit geben, als aus Liebe zu ihnen diese Abneigung zu überwinden" Weibliche Emotionen konnten die Gesundheit des Kindes also gefährden. Wahre Mutterliebe beinhaltete dagegen, sich den eigenen Empfindungen zu widersetzen und – vorerst zumindest – den ärztlichen Empfehlungen blind zu vertrauen; mit der Zeit erst würden sich die Mütter und Ammen von der Wirksamkeit der Methode überzeugen können.

Wie im aufklärerischen medizinischen Schrifttum üblich,[18] wurde die einzelne Frau nicht nur für die Gesundheit ihrer Kinder, sondern für die Erhaltung der gesamten Bevölkerung verantwortlich gemacht. „Die Wehemütter, welche diese Würkung gesehen, so wie die Säugammen und Kinderwärterinnen, welche solches verrichtet, breiten sie je mehr und mehr aus; und wenn solche allgemein werden sollte, so bin ich gänzlich überzeugt, daß durch solche eine grosse Anzahl Kinder werde erhalten, und auf diese Weise der Fortgang der Entvölkerung gehemmt werden."[19] Mit dieser Ausweitung der Verantwortung wuchs einerseits der moralische Druck auf die Einhaltung der ärztlichen Vorschriften, andererseits konnte sich der Arzt nicht nur als Retter der Säuglinge, sondern auch als Retter der Bevölkerung darstellen.

Ein weiteres Beispiel für die schlimmen Folgen einer emotionalen Zuwendung von Frauen bietet die Krankheitsvorstellung des „Beschreiens", bei dem bevorzugt alte Frauen als Täterinnen auftraten. Diese würden den Kindern mit Komplimenten schmeicheln und sie dadurch verhexen, so dass die Kinder plötzlich immer schwächer und kränker werden.

---

18 Vgl. zur Aufklärungsliteratur zum Thema Frauen: Sander, Sabine, Von den „sonderbahren Geheimnüssen des Frauen-Zimmers" zur „Schwachheit des schönen Geschlechts"; in: Schnalke, Thomas; Wiesemann, Claudia (Hg.), Die Grenzen des Anderen. Medizingeschichte aus postmoderner Perspektive, Köln 1998, S. 75-120.
19 Tissot (wie Anm. 7).

Die ärztliche Abgrenzung von der „Volksmedizin"

Versuchten die Ärzte bei der Ausweitung ihrer Klientel mit neuen Krankheitskonzepten und Therapien zu überzeugen? Unterschieden sich ihre Vorstellungen von Neugeborenenpflege von den „volksmedizinischen" Praktiken?

Um dieser Frage nachzugehen, möchte ich zuerst auf den umstrittenen Begriff der Volksmedizin eingehen. Unter „Volksmedizin" versteht man häufig all das, was uns heute als unvernünftig, abergläubisch, unwissenschaftlich und magisch vorkommt.[20] Ich möchte „Volksmedizin" dagegen nicht inhaltlich, sondern von den Personen her definieren, die sie anwenden und angewandt haben. Mit dem Begriff Volksmedizin versuche ich diejenige Medizin zu umschreiben, die von der nicht akademischen Bevölkerung angewendet wird. Hierzu gehören hauptsächlich magische oder andere im heutigen Sinne unwissenschaftliche Krankheitsvorstellungen und Heilkonzepte. Damit muss sich die Volksmedizin inhaltlich nicht zwingend von der akademischen Medizin, die ich bewusst nicht als „rational" bezeichnen möchte, unterscheiden. Im Gegenteil zählen viele Rezepte und Mittelchen zur Volksmedizin, die einst Bestandteil einer akademischen Medizin waren. In welchem Verhältnis standen im 18. Jahrhundert die „akademische Medizin" und die Volksmedizin in Bezug auf die Neugeborenenpflege zueinander? Waren die Unterschiede wirklich so groß, wie es die Ärzte jener Epoche gerne glaubhaft machen wollten?

Gerade im Bereich der Neugeborenenpflege lässt sich an Beispielen veranschaulichen, dass Medizinalbücher des 18. Jahrhunderts vielfach Krankheitsvorstellungen wie auch diagnostische und therapeutische Praktiken beinhalteten, die üblicherweise zur Volksmedizin gerechnet werden, damals zum Sammelsurium akademischer Lehrmeinungen gehörten.

Ein Beispiel aus der ersten Hälfte des 18. Jahrhunderts ist die bereits erwähnte Vorstellung des „Beschreiens", die zwar mit zur akademischen

---

20 Zum problematischen Begriff der Volksmedizin vgl. Wolff, Eberhard, Volksmedizin - Abschied auf Raten. Vom definitorischen zum heuristischen Begriffsverständnis; in: Zeitschrift für Volkskunde 94 (1998), S. 233-257.

Lehrmeinung gehörte, zugleich aber auch bezweifelt wurde. Johann Jakob Woyt (1671-1709) äußert sich in seiner „Abhandlung aller innerlichen und äusserlichen Kranckheiten", einem bekannten Nachschlagewerk damaliger medizinischer Praxis, bereits relativ kritisch zur Beschreiung: „Ob würcklich ein Beschreyen oder Beruffen derer Kinder sey, lassen wir dahin gestellt seyn, und wollen nur die Umstände, wie sie angegeben, und die Mittel, welche davor recommandirt werden, erzehlen und anführen." Beschriene Kinder seien unruhig, würden plötzlich schwach und kraftlos, zehren aus trotz essen und trinken, kriegen Runtzeln, sehen wie ein „alt Männgen oder Weibgen aus, derowegen man auch diesen Zustand das Alter nennt." Aus heutiger Sicht passt diese Beschreibung auf Marasmus, eine Folge von Hunger oder Fehlernährung. Woyt führte eine andere Erklärung an: „Der Argwohn, daß diese Zufälle vom Beschreyen herkommen, wird gestärcket, wenn etwann eine alte Fettel mit denen Kindern wider Gewohnheit freundlich gethan hat." Die Beschreibung der „alten Fettel", die über übernatürliche Kräfte verfügt, meint eigentlich nichts anderes als die „böse Hexe", eine Vorstellung, die bekanntlich in der Frühen Neuzeit zur Hinrichtung vieler Frauen führte. Als therapeutische Maßnahme empfahl Woyt u.a., dem Kind ein Säckchen, gefüllt mit roten Korallen und dem Zahn eines toten Menschen, umzuhängen. Denn nur ein Gegenzauber kann den Zauber aufheben. Um zu erkennen, ob tatsächlich eine Beschreiung stattgefunden habe, bezieht sich Woyt auf die Empfehlung eines anderen Arztes: „Man setze unter die Wiegen ein Vaß voll fliessend Wasser, in dasselbe wirfft man ein Ey, schwimmet dasselbe in die Höhe, so ist das Kind beschryen, fällt es aber zu Boden, so ist nichts daran, sed fides sit penes Autorem."[21] Obschon sich Woyt mit dieser letzten Anmerkung von dieser Vorstellung distanziert, nahm er die Beschreiung doch in seine Abhandlung mit auf, da sie zum Allgemeinwissen der damaligen Medizin gehörte.

---

21 Woyt, Johann Jakob, Abhandlung aller innerlichen und äusserlichen Krankckheiten, 3. Aufl., Leipzig 1753, S. 824ff. Woyts bekannteste Werke sind das „Gazophylacium medicophysicum oder Schatzkammer medizinischer und natürlicher Dinge", das erstmals 1709 in Leipzig erschien, und die „Abhandlung aller innerlichen und äusserlichen Krankckheiten", die erst 1731, also lange nach seinem Tod, herauskam.

Kontovers diskutiert wurde die Erkrankung der Säuglinge durch sog. „Mitesser". Richter und Weißbach beschreiben diese Krankheit mit fast identischem Wortlaut: „Die außdünstung und reinigkeit soll bey kindern fleißig erhalten werden; denn wo das nicht geschieht/ so werden die schweiß-löchlein verschleimt/ und wachsen unter der haut/ sonderlich am rücken/ kleine schwartze würmlein/ welche darum die mit-esser genennet werden/ weil die kinder dabey gantz unruhig sind/ außgezehret werden/ und abnahmen."[22] Durch eine falsche Ernährung entstehen also Würmer unter der Haut, die das Kind aussaugen.

Ettmüller, ein Vertreter der Chemiatrie, versucht die Leserschaft mit einer beeindruckend akademisch klingenden ernährungsanalytischen Erklärung zu überzeugen. Zum Schluss heißt es: „so sind die ausdünstungen, wenn sie zurück bleiben, mehr temperirt und fett, welche, wenn sie verfaulen, durch das zufliessende alcali in lebendige thiere sich verwandelt."[23] Was die Therapie betrifft, so sind sich alle drei Autoren einig. Die Würmer müssen mit Süßem herausgelockt und beseitigt werden. Dazu nochmals Weißbach: „Im übrigen darff man nur das kind zum warmen ofen oder ins bad setzen/ und den rücken entweder mit honig oder milch bestreichen/ so kriechen die mit-esser herauß/ welche man alsdenn mit einem scheermesser wegnehmen kan."[24] Wir treffen hier also bei Ärzten auf Vorstellungen, die typischerweise als volksmedizinisch gelten und einige Jahrzehnte später, sobald sich die maßgebenden Ärzte einig sind, als „dummer Aberglaube" verworfen werden. Dass diese Meinungen aber jüngst noch Bestandteil der akademischen Medizin war, wird sofort verdrängt und vergessen. Man grenzt sich sogar betont gegen die volksmedizinischen Praktiken ab, während andere, genauso „abergläubische" Vorstellungen wie die Imaginationslehre oder das Verderben der Milch durch Charakterschwächen der Amme weiterhin in den medizinischen Lehrbüchern vertreten werden.

---

22 Weißbach (wie Anm. 2). Vgl. auch Richter (wie Anm. 1).
23 Ettmüller (wie Anm. 4).
24 Weißbach (wie Anm. 2).

Solange aber eine Diskussion unter Ärzten bestand, bediente man sich einer gepflegten Wortwahl. Woyt bezweifelte beispielsweise die Existenz der Mitesser. Er beschreibt ausführlich das Krankheitsbild, die mehr und mehr ausgemergelten Kinder, die sich unruhig in der Krippe hin und her bewegen. Auch das Heilmittel, die Honigsalbe und die Anwendung des Schermessers werden genau geschildert. Dann aber berichtet Woyt: „Wir haben mehr als einmahl diese Experiment in unserer Praxi machen lassen, auch die schwartzen Punctgen selbst gesehen, versichern aber, daß solches keine Würmergen, sondern vielmehr der an den Härgen der Schweiß-Löcher, als kleine schwartze Küglegen sich anhengende Schmutz von der gebrauchten Salbe gewesen, wie wir denn auch niemahls wahrgenommen, daß durch dieses Mittel, die Mitesser wegzunehmen, Kinder an oben beschriebenen Umständen wären curiret worden, wohl aber, daß dieselben nach Gebrauch dienlicher Bäder und eröffnenden innerlichen Medicamenten, sich weit eher zur Besserung angelassen."[25] Woyt, der eine bestehende Lehrmeinung kritisierte, musste seine Kontrahenten ernst nehmen. Er bezichtigte sie nicht dummen Aberglaubens, sondern begründete seine Zweifel mit konkreten Untersuchungen.

Ein Krankheitsbild der Neugeborenen, das im Gelehrtenlexikon von Zedler ausführliche Erwähnung findet, betrifft den „Nabelwurm" oder „Geitzwurm". Dieses Lexikon der ersten Hälfte des 18. Jahrhunderts beschreibt die Krankheit folgendermaßen: „Bey dieser Beschwerung nehmen die Kinder nach und nach ab, obgleich die Säugamme noch so gesund und so gute Milch hat, die Lippen werden blaulicht, verlieren ihre natürliche Farbe, die Kinder werden unruhig, werfen und geberden sich, als wenn sie grosses Reissen und Grimmen im Liebe hätten. Gewissere Kennzeichen dieser Kranckheit kan man zur Zeit nicht anführen." Wie geht man nun aber diagnostisch vor, um sicher zu sein, dass hier ein Nabelwurm am Werk ist? Zedlers Gelehrten-Lexikon gibt an, man solle dem Kind einen lebendigen Fisch auf den Nabel legen, der dann diesen Wurm auffressen

---

25 Woyt (wie Anm. 21).

würde. Auch mit einem Tränklein aus Honig, Glas und Sadebaum könne der Wurm getötet werden.[26]

Zedlers Lexikon bedauert, dass kaum ein medizinischer Schriftsteller über den Nabelwurm berichte. Vermutlich, so führt der Autor an, liege das daran, dass diese merkwürdige Krankheit so selten vorkomme. Der Standpunkt des Lexikons ist jedoch eindeutig: Der Wurm sei „würcklich" anzutreffen. Die Einschätzung, dass der Nabelwurm in der medizinischen Literatur wenig Erwähnung finde, kann ich übrigens nicht teilen. Sowohl Ettmüller als auch Woyt schildern ihn ausführlich, wobei Ettmüller noch ein eigenes Rezept für das Laxirmittel anführt. Woyt erwähnt zwar, dass die Existenz des Nabelwurms nicht unbestritten ist: „aber viele Ärzte halten die gantze Sache vor eine Fabel oder Mährlein". Dennoch scheint er selbst daran zu glauben, beschreibt er doch, dass der Nabelwurm „bisweilen ausser dem Nabel todt gefunden" würde.[27]

Unter „Geizwurm" findet sich auch ein Eintrag im Handwörterbuch des Deutschen Aberglaubens. Nachdem erklärt wird, dass der Begriff „Geiz" den Heißhunger von Kindern meint, heißt es weiter: „Man glaubte, daß in den Gedärmen ein Wurm hause, der dem Kinde alle Nahrung wegnimmt, so daß es immer heißhungrig ist, aber doch dabei abzehrt. Dieses dämonische Tier sollte unter dem Nabel seinen Sitz haben." Hierauf folgt die bekannte Diagnostik und Therapie.[28] Dass das „dämonische Tier" Teil der ärztlichen Krankheitsvorstellungen waren, bleibt unerwähnt.

Die vielfach abschätzig als abergläubisch bezeichneten Elemente der damaligen Schulmedizin finden sich auch in weniger spektakulären Krankheitsbildern. In der überarbeiteten 5. Auflage von Bäumlers Schrift, die 1780 erschien, wird die Waschung des Neugeborenen in einem Bad von verdünntem Wein beschrieben. Manch ein Medizinhistoriker denkt bei dieser Beschreibung wohl an die desinfizierende Wirkung von Alkohol, und die Versuchung besteht, das Bad als Beleg für die naturwissenschaftliche Ausrichtung damaliger Therapie anzuführen. Doch mitten in

---

26 Zedler, Johann Heinrich (Hg.), Grosses vollständiges Universal-Lexicon aller Wissenschafften und Künste, 24. Band, Leipzig; Halle 1740, S. 40.
27 Ettmüller (wie Anm. 4) und Woyt (wie Anm. 21).
28 Handwörterbuch des deutschen Aberglaubens, Band 10, Berlin 1987, S. 570.

dieser Beschreibung taucht wieder ein volksmedizinisches Element auf. „In eben diesem Bad, kann man auch Denen Muttermählern abhelfen, wenn man nemlich das Kind mit der blutigen und warmen Nachgeburt an allen Gliedmassen überführet: Und ist dieses demnach eine gute Gewohnheit, dahero auch die Hebammen bey keinem neugebohrnen Kinde diese Arbeit unterlassen sollen."[29]

Die ärztlichen Anweisungen widersprechen sich derart, dass sich aus ihnen keine einheitliche medizinische Meinung ablesen lässt. Vielmehr erhärtet sich der Verdacht, dass zwischen den ärztlichen Vorschriften und den volksmedizinischen Anwendungen kein grundsätzlicher Unterschied bestand, was sich besonders gut an ganz alltäglichen Beispielen zeigen lässt. Der Brei, den Ammen und Mütter den Säuglingen verfüttern, wird regelmäßig hart angeprangert. Dennoch sollte das Neugeborene gemäß den Anweisungen der meisten Autoren nicht ausschließlich mit Muttermilch ernährt werden. Als Zusatz wird wiederum Mus oder Brei, ja sogar feste Speisen erwähnt, die indessen je nach Autor ganz unterschiedlich zusammengesetzt sein müssen. Die Anleitung der Berliner Oberamtsärzte etwa schreibt vor, dass die Ernährung des Säuglings nicht aus Mehlspeisen, Kuchen, Kartoffeln, Hafergrütze oder Semmeln bestehen dürfe. Dadurch bekommen die Kinder eine Verschleimung der Gedärme, Würmer, Dörrsucht, Koliken und den Jammer. „Hingegen sind unschädlich die Gemüse aus Gartenfrüchten, als Mohrrüben, Kohlrabi, Petersilienwurzeln, Fleischbrühen, und selbst etwas zartes Fleisch, imgleichen Gersten, Graupen und Reißbrühen [...]. Unter den Getränken dienet ihnen reines Wasser, allenfalls ein schwaches Bier."[30] Dieser Aufstellung kann man zahlreiche andere entgegenhalten, etwa diejenige von Ettmüller, der einen Brei empfiehlt, der jedoch keine Milch enthalten dürfe.[31] So sehr sich die medizinischen Vorschriften sich in ihrer konkreten Forderung oft grundlegend unterscheiden, so bleibt doch eines stets gleich: die Drohung, dass die Kinder bei Nichtbefolgung krank würden oder sterben.

---

29 Bäumler (wie Anm. 6).
30 Medizinisches Ober-Kollegium (wie Anm. 5).
31 Ettmüller (wie Anm. 4), S. 690ff.

Fazit

Im Verlauf des 18. Jahrhunderts erklärten viele ärztliche Ratgeberschriften die Neugeborenen zu einer neuen Klientel, die der ärztlichen Hilfe bedürfen, obschon ihre Betreuung nach wie vor in den Händen von Frauen lag. Untereinander unterschieden sich die ärztlichen Vorschriften sehr und enthielten zahlreiche volksmedizinische Elemente, von denen sie sich gleichzeitig abzugrenzen versuchten. Das Ziel dieser Literatur lag wohl kaum in der Einführung konkreter Verbesserungen, sondern in der Ausweitung der ärztlichen Zuständigkeit auf gesunde Frauen und Kinder aller Bevölkerungsschichten.

Die Vorschriften, die in den Alltag, in die Ernährung, in die Gefühlswelt und sogar ins Sexualleben eindrangen, sollten letztlich eine Verhaltensdisziplinierung der Betreuerinnen bewirken. Das Neugeborene selbst diente hierbei lediglich als Mittel, womit die Ärzte diese Frauen zu beeinflussen versuchten. Insbesondere die ständige Drohung, das kindliche Leben sei in Gefahr, unterstrich die Notwendigkeit, die ärztlichen Vorschriften genau einzuhalten. Gerade durch ihre biologische Fähigkeit, Kinder auszutragen und zu ernähren, traf die Schuld immer die Frauen, die gemäß den Autoren mit ihren unterlassenen oder getätigten Handlungen schon während der Schwangerschaft und erst recht nach der Geburt das Kind schädigten.

Darüber hinaus stellten die Frauen, die sich um die Neugeborenen kümmerten, für die Ärzte eine Konkurrenz dar, die es auszuschalten galt. Der ärztliche Anspruch bezog sich dabei nicht darauf, Neugeborene eigenhändig zu versorgen, sondern die Definitionsmacht auf sich zu zentrieren, welche Handlungsweisen als richtig oder falsch zu gelten haben. In diesem Machtkampf griffen die Autoren auf die Vorstellung eines weiblichen Körpers zurück, der mit seinen Körpersäften und Emotionen Krankheit und Tod hervorruft und damit nicht nur das einzelne Kind, sondern den Fortbestand der ganzen Gesellschaft bedroht.

Menschenskinder! Zur literarischen Funktion des Kindes

Evelyn Bukowski

Die Rousseausche Übermutter

In der Literatur treten Säugling und Kleinkind überraschend spät als eigenständige Personen in Erscheinung. Erst das 18. Jahrhundert entdeckt die Kindheit als einen vom Erwachsenendasein unterschiedenen Zustand und schenkt ihr eine Beachtung, die neu ist.

Mit der Veröffentlichung seines pädagogischen Werkes „Emile ou de l'éducation" im Jahre 1762 bringt Jean Jacques Rousseau den Stein ins Rollen. Er fasst die Ideen seiner Zeit in eine klare Form und zieht zwischen 1762 und 1770 eine Flut von Publikationen nach sich, in denen die Eltern zu neuen Gefühlen und ganz besonders die Mutter zur Mutterliebe aufgerufen werden. Noch zwei Jahrhunderte nach Rousseau werden alle, die nach dem „Emile" über Kindheit nachdenken, auf Rousseausche Gedanken zurückgreifen.

Was aber ist so spannend an einem fünfbändigen pädagogisch-philosophischen Erziehungsroman aus dem 18. Jahrhundert?

Die Antwort ist einfach: An Stelle der schädlichen traditionellen Erziehungsmethoden fordert Rousseau die „natürliche Erziehung" des Kindes, bei der die natürlichen Instinkte, die ersten Eindrücke und Gefühle und die spontanen frühesten Schlussfolgerungen, mit denen schon der Säugling auf seine Umwelt reagiert, gefördert und entwickelt werden sollen. Statt die instinktiven Reaktionen des Kindes wie bisher durch falsche Erziehung zu unterbinden, hält Rousseau gerade diese instinkthaften Verhaltensweisen für die besten Lehrmeister und Führer zu richtigem Verhalten des Kindes.

Veranschaulicht werden diese allesamt höchst modern anmutenden Erziehungserwägungen an einem pädagogischen Versuchsobjekt namens Emile, der zu diesem Zwecke einen exemplarischen Bildungsweg durchlaufen muss. Diesen Bildungsweg teilt Rousseau in vier Abschnitte ein: die Entwicklung des Körpers, der Sinne, des Gehirns und des Herzens. Am Ende dieser vier Erziehungsstadien kann der junge Emile in die Gesellschaft entlassen werden, ohne dass er ihrem schädlichen Einfluss erliegt, und so schließt der Roman denn auch mit Emiles Heirat; er ehelicht ein junges, schönes Mädchen namens Sophie, die selbstverständlich nach den gleichen Grundsätzen wie er erzogen wurde.

Die von Rousseau entworfene Frauen- und Mutterrolle mutet allerdings wenig modern an: Sophie ist die von Rousseau ersonnene ideale Frau, Mutter und Gefährtin für den Mann:

> „Als ‚Ergänzung' des Mannes ist die Frau ein ganz und gar relatives Geschöpf. Sie ist das, was der Mann nicht ist, um mit ihm und unter seiner Leitung die vollständige Menschheit zu bilden. Wenn Emile stark und gebieterisch ist, muss Sophie schwach, schüchtern und gehorsam sein. Besitzt Emile abstrakte Intelligenz, so muss Sophie praktische Intelligenz besitzen [...]"[1], denn „die Frau ist nicht um ihrer selbst willen geschaffen, sondern dazu, zu gefallen [...], sich dem Manne angenehm zu machen."[2]

Der sonst so fortschrittliche Rousseau sollte allerdings ob dieser Aussagen, die im Kontext der Zeit völlig verständlich sind, nicht allzu vehement angeklagt werden, es ist vielmehr festzuhalten, dass Emile und Sophie als ideales Ehe- und Elternpaar ersonnen sind.

Zumindest für die literarischen Nachkommen, die fiktiven Kinder also, wäre in Zukunft nichts zu befürchten gewesen, wenn sich nur alle nachfolgenden Romanciers an das Rousseausche Erziehungskonzept gehalten hätten. Das ist in der Folgezeit allerdings mitnichten der Fall.

---

1 Badinter, Elisabeth, Die Mutterliebe, S. 192f.
2 Rousseau, Jean-Jacques, Emile, München 1979, S. 467.

Das Gegenmodell der Rabenmutter

Betrachten wir, bevor wir uns der deutschen Literatur zuwenden, noch eine besonders extravagante und spektakuläre Landsmännin Sophies, die knapp ein Jahrhundert später, 1856, geräuschvoll die literarische Bühne betritt: Emma Bovary. Anders als Sophie wird die Titelheldin von Flauberts skandalösem Roman „Madame Bovary" nicht als künftige Mutter und Ehefrau erzogen; Flaubert lässt ihr in einem Ursulinenkloster eine höhere Bildung zuteil werden, was ihr prompt zum Verhängnis werden soll. In der Abgeschiedenheit des Klosters gewinnt die Tochter eines wohlhabenden Bauern aus der Lektüre romantischer, rührseliger Romane ein falsches, scheinhaftes Realitätsverhältnis. Dieses problematische Verhältnis von Literatur und Leben, unter dem Emma leidet, der sog. Bovarysmus, ist ein wesentlicher Bestandteil ihrer Krankheit zum Tode.

Am Ende des Romans vergiftet Emma sich mit einem Fläschchen Arsen und hinterlässt nach einem qualvollen Todeskampf, den Flaubert meisterhaft schildert, einen gebrochenen Ehemann und eine Tochter namens Berthe.

Emmas Tragödie besteht jedoch nicht einfach darin, zur falschen Zeit die falschen Bücher gelesen zu haben, sondern darin, nicht frei zu sein und dem Kleinbürgertum vor allem aber dem weiblichen Geschlecht anzugehören. Sie empfindet schmerzlich die unterlegene Stellung, die die Frauen in einer von Flaubert detailliert gezeichneten patriarchalen Gesellschaft des 19. Jahrhunderts innehaben. Deutlich zeigt sich das, als sie kurze Zeit nach ihrer Eheschließung von Charles schwanger wird. Sie wünscht sich heftig einen „Jungen; stark und braun sollte er sein und Georges heißen", denn „dieser Gedanke, ein männliches Wesen als Kind zu haben, schien ihr wie die hoffnungsvolle Revanche all ihrer vergangenen Ohnmacht."[3] Weiter im Text heißt es:

> „Ein Mann ist zumindest frei; er kann Leidenschaften und Länder durchqueren, Hindernisse überwinden, von den entferntesten

---

3 Flaubert, Gustav, Madame Bovary. Moeurs de Province, Paris 1971. II, 3.

Glückseligkeiten kosten. Aber eine Frau ist immer behindert. Unbeweglich und beweglich zugleich hat sie die Nachgiebigkeit des Fleisches und die Abhängigkeit von Gesetzen zum Gegner."[4]

Schon während ihrer Schwangerschaft verhält Emma sich nicht wie Sophie, also nicht der Rousseauschen Norm entsprechend: Nachdem sie sich keine Babyausstattung leisten kann, die ihren romantischen Vorstellungen entspricht, gibt sie Bettchen und alles Zubehör in höchster Bitterkeit in Auftrag, ohne irgendetwas auszuwählen; überhaupt beschäftigt sie sich nicht mit den auf die Mutterschaft appetitmachenden Vorbereitungen von Zimmer, Ausstattung: Ein Tatbestand, den Flaubert auch gesondert festhält.

Die Schwangerschaft wird Emma bald zur Last und zu guter Letzt bleibt auch hier die Enttäuschung nicht aus; statt des ersehnten starken Sohnes Georges bekommt sie eine Tochter. Vor Enttäuschung fällt sie kurz nach der Niederkunft in Ohnmacht. Die Zuneigung zu dem kleinen Mädchen bleibt entsprechend gedämpft, und so entledigt sich Emma bald ihrer Mutterpflichten, die sie bei ihren Vergnügungen stören. Bei einer Tischlersfrau gibt sie Berthe in Pflege. Alles in allem behandelt Emma ihr Kind wie ein „poupart", wie ein Spielzeug: Wenn sie Berthe nicht gebrauchen kann, legt sie sie wie eine Puppe in die Ecke, passt es jedoch zu ihrer Seelenlage, so entwickelt sie unvermutet mütterliche Zärtlichkeit, die allerdings nie lange vorhält. Erst auf dem Sterbebett bereut sie die Vernachlässigung ihrer Mutterpflichten, doch ist es für eine Versöhnung mit der Tochter zu spät: Der Beginn einer langen Reihe schwieriger Mutter-Tochterbeziehungen in der Literatur.

Verglichen mit der von Rousseau entworfenen Übermutter Sophie, die sich im 19. Jahrhundert, dem Jahrhundert des Mutterkultes, als gesellschaftliches Leitbild immer mehr durchsetzt, erscheint Emma als eine vom Lustprinzip gesteuerte Rabenmutter. Die Literatur jener Zeit kennt, wie es scheint, nur die ideale Mutter à la Sophie oder jene andere Frau, die als Mutter abwesend, unfähig oder unwürdig ist, das Gegenteil der ‚guten

---

4   Flaubert, Gustav, Madame Bovary. II, 3.

Mutter' eben. Etwas, das zwischen diesen beiden Persönlichkeitstypen läge, ist in der Nachfolge Rousseaus nicht denkbar.[5]

Das in der Literatur dieser Zeit dargestellte Kleinkind übernimmt als Wesen ohne Innenleben keine eigenständige literarische Funktion; es dient hauptsächlich dazu, den Charakter und die mütterlichen Qualitäten der Protagonistin zu spiegeln und zu verdeutlichen. Das gilt nicht nur für die französische Literatur, sondern auch für die deutsche.

Die literarische Karriere des Kindes: – Vom „lieben Spielzeug" bis zum Spiegel der Zeit

Am Verhalten gegenüber der kleinen Annie, der Tochter Effis und Instettens, kristallisiert sich auch in Fontanes „Effi Briest" der Charakter und die besondere Befindlichkeit der Protagonistin heraus. Wie ihre französische Schwester Emma, sieht auch Effi ihrer Mutterschaft mit gemischten Gefühlen entgegen. Ihre Jugend, der große Altersunterschied zwischen ihrem Mann Instetten und ihr, der das Problempotential des Romans birgt, tritt an diesem Punkt besonders deutlich hervor. Zu jung für das ihr bevorstehende Ereignis, schämt sie sich ihres Zustandes, wie sie in einem Brief an ihre Mutter schreibt:

> „Wie glücklich ich selber im Hinblick darüber bin, brauche ich nicht erst zu versichern, schon weil ich dann Leben und Zerstreuung um mich haben werde oder, wie Geert sich ausdrückt, ‚ein liebes Spielzeug'. Mit diesem Worte wird er wohl recht haben, aber er sollte es lieber nicht gebrauchen, weil es mir immer einen kleinen Stich gibt und mich daran erinnert, wie jung ich bin, und dass ich noch halb in die Kinderstube gehöre. Diese Vorstellung verlässt mich nicht (Geert meint, es sei krankhaft) und bringt es zuwege, dass das, was mein höchstes Glück sein sollte, doch fast noch mehr eine beständige Verlegenheit für mich ist."[6]

---

5 Vgl. Badinter, Elisabeth, Die Mutterliebe, S. 218.
6 Fontane, Theodor, Effi Briest. Kapitel 12.

Aufgrund dieser Unsicherheit holt Effi sich kurz vor ihrer Niederkunft die Kinderfrau Roswitha ins Haus. Sie ist von Anfang an die Bezugsperson für Annie und übernimmt die eigentliche Mutterrolle. Von Effi gibt es im weiteren Verlauf nur selten Zeugnisse mütterlicher Zuwendung. Durch die Darstellung von Effis Schwangerschaft und ihrem gefühlsmäßig ambivalenten Verhalten der kleinen Tochter gegenüber wird die sich anbahnende Ehetragödie, die vornehmlich durch den großen Altersunterschied der Protagonisten hervorgerufen wird, bereits vorweggenommen. Mit ihren siebzehn Jahren fühlt sich Effi weder für die Ehe, noch zur Mutterschaft bereit.

Vom Spiegel der Charaktere im Ehebruchsroman entwickelt sich das Kind im weiteren Verlauf der Literaturgeschichte allmählich zum Spiegel der Zeit. An und mit seiner kleinen Figur werden Zeitströmungen festgemacht und Missstände offen gelegt, wie etwa im Werk Thomas Manns. „Die Amme hatte die Schuld", lautet der erste Satz von Thomas Manns Friedemann-Novelle (1887). Und gleich darauf werden wir aufgeklärt über „die Triebhaftigkeit und Trunksucht" der amoralischen Kindsmagd und über die „Richtigkeit dieser Schuldzuweisung".[7] Die betrunkene Amme lässt den etwa einen Monat alten Johannes Friedemann von der Wickelkommode stürzen, wovon dieser zeitlebens eine körperliche Behinderung davon trägt. Das Unglück war geschehen, als die Mutter außer Haus war. Demnach trifft Frau Konsul Friedemann keine Schuld, oder doch?

In ihrem tiefgründigen literarischen Essayband „Welch ein Weib! Mädchen- und Frauengestalten bei Thomas Mann" bezeichnet Doris Runge die mütterliche Liebe der Konsulin Friedemann als „kraftlos, dekadent, unfähig, das eigene Fleisch und Blut zu schützen"[8], denn wider besseren Wissens, also höchst fahrlässig und nachlässig, lässt sie ihren Säugling in der Obhut der alkoholkranken Amme. Einzuwenden ist aber mit Runge:

> „Was konnte verfeinerte Natur, zärtliche Mutterliebe ausrichten gegen das Schicksal? Das unberechenbare Weib, diese haltlose

---

[7] Runge, Doris, Welch ein Weib! Mädchen- und Frauengestalten bei Thomas Mann, Stuttgart 1998, S. 15.
[8] Ebd., S. 16.

Person von Amme, trank außer dem nahrhaften Bier, dem Glas Rotwein, das ohnehin schon ein Zugeständnis an ihr nicht zu übersehendes Laster war, noch den Spiritus aus dem Kochapparat. Und so konnte das Unglück geschehen: Der Sturz des kleinen Johannes vom Wickeltisch, der ihn zum Krüppel machte, während die Stumpfsinnige, das säugende Tier, daneben stand, ein Stück barbarische Natur, wie sie Nietzsche jenseits von Gut und Böse sah."[9]

Mit ihrer „verfeinerten Natur", ihrer „kraftlosen Mutterliebe" steht Frau Friedemann am Anfang einer langen Reihe dekadenter Frauengestalten bei Thomas Mann: Blass und kränkelnd, von zarter, zierlicher Gestalt, sind sie lebensuntüchtig und zu schwach zur aktiven Mutterschaft.

Ganz so verhält es sich mit der schönen Gabriele Klöterjahn in der Novelle „Tristan" aus dem Jahr 1903. Gabriele bleibt nach der Geburt ihres strammen und starken Söhnchens Anton Klöterjahn buchstäblich die Luft weg, so dass sie dringend eine Kur im Lungensanatorium Einfried antritt. Wie alle Thomas Mannschen dekadenten Damen hat sie auf der Schläfe „ein kleines, seltsames Äderchen", das sich blassblau und kränklich abzeichnet. Diese ätherisch-zerbrechliche Person ist wahrlich nicht zur Mutterschaft geboren, und wen wundert es, wenn sie sich im weiteren Verlauf der Handlung mit den todbringenden Klängen des Tristan orgiastisch dieser Aufgabe entledigt, indem sie dem Leben kränkelnd entsagt. Steht im „Kleinen Herrn Friedemann" die animalische, tierische Amme als Lebens- und Schicksalsprinzip der bleich-zarten Frau Friedemann kontrastreich gegenüber, so bilden im „Tristan" Mutter und Sohn eine groteske Antithese. Der feinen, zerbrechlichen Gabriele als Vertreterin der Kunst und Prototyp der ‚femme fragile' steht ihr feist-strammer Sohn als krudes Lebensprinzip gegenüber. Soviel Vitalität schlägt den Pseudo-Künstler Detlev Spinell, Gabrieles Verehrer in Einfried, am Ende angeekelt in die Flucht.Der Säugling im Werk Thomas Manns erscheint einmal als Verkörperung des kruden Lebensprinzips wie im „Tristan", dann als Verfallsprinz und Spiegel der Dekadenz wie in den „Buddenbrooks". Allen Schil-

---

9 Ebd.

derungen gemeinsam ist jedoch Thomas Manns enorme Beobachtungsgabe, die sich in unnachahmlicher Detailtreue niederschlägt.

Springen wir nach Thomas Mann ins Jahr 1959, so stoßen wir auf einen weiteren Meilenstein hinsichtlich der literarischen Funktion des Kindes: Günter Grass' „Die Blechtrommel". In der „Blechtrommel" ist Oskar Matzerath das vorgeschoben-kindliche Erzähler-Ich des Romanautors. Nach eigener Aussage gehört Oskar zu den „hellhörigen Säuglingen, deren geistige Entwicklung schon bei der Geburt abgeschlossen ist und sich fortan nur noch bestätigen muss."[10] Von Anfang an von erotischer Neugier getrieben, wird der kleine Oskar alsbald Augenzeuge der mütterlichen Seitensprünge mit Vetter Jan Bronski. An seinem dritten Geburtstag, der gemeinsam mit seinen eigentlich zwei Vätern Matzerat und Bronski feierlich begangen wird und zu dem er die bei seiner Geburt versprochene Trommel geschenkt bekommt, beschließt Oskar, „auf keinen Fall Politiker und schon gar nicht Kolonialwarenhändler zu werden, vielmehr einen Punkt zu machen, so zu verbleiben [...]." Und so bleibt Oskar „in dieser Größe, in dieser Ausstattung viele Jahre lang."[11]

Gegen die Vorstellung von Größe setzt er fortan die Weigerung zu wachsen. Die Trommel, eigentlich ein kriegerisches Requisit, dient ihm im weiteren Verlauf des Romans zur Selbstvergewisserung und wird so zum Instrument des Überlebens. Sinnträchtig bringt er unter der Aufmarschbühne der Nationalsozialisten sitzend mit dem Walzertakt seiner Trommel ihren martialischen Marschrhythmus durcheinander.

„Der Dreijährige, der Gnom, der nicht aufzustockende Dreikäsehoch" ist eine brillante Kunstfigur, mit der die Welt satirisch und burlesk von unten, aus der Scheinnaivität eines Kindes heraus gemustert wird, wie der Germanist Werner Steinbeiss festhält.

Mit seiner Trommel trommelt Oskar letztlich gegen den kollektiven Gedächtnisschwund in der Folgezeit des Nationalsozialismus und laue Methoden der Vergangenheitsbewältigung.

---

10 Grass, Günter: Die Blechtrommel, 4. Aufl. München 1996, S. 45.
11 Ebd., S. 61.

Die ganzen 46 Kapitel hindurch bleibt Oskar, ausgestattet mit der Gabe einer durchdringenden Stimme, die Glas zerspringen lässt, gleichzeitig ein Kind, ein buckliger Zwerg und Frauenheld. Er ist ein Außenseiter voller Protest und erotischer Phantasien. In seinem frühen „Wunsch nach Rückkehr in meine embryonale Kopflage", in seiner lüsternen Verehrung des Weiblichen zeigt sich letztlich nichts anderes als der Wunsch nach einer Flucht zurück in den Schoß, an den Ursprung der Erzählung, die unter den Röcken der Großmutter Anna begann.[12]

Vom Störfaktor zur schaurigen Wunschvorstellung

Bewegen wir uns nach Günter Grass in der erzählten Welt um etwa zehn Jahre weiter. In seinem 1998 erschienen Roman „Les particules élémentaires" (deutsch: „Elementarteilchen") schildert Michel Houellebecq anhand der Biographien von Bruno und dessen Halbbruder Michel unverblümt die Auswirkungen des Achtundsechziger-Befreiungskultes: tabulose Sexualität als gut verkäufliches Produkt der spätkapitalistischen Medienwelt. Trostlos und seelisch verwüstet torkelt der (Anti-) Held Bruno einem von den Medien vorgegaukelten Ideal sexueller Leistungsfähigkeit und körperlicher Schönheit hinterher. Getrieben von einer unstillbaren sexuellen Begierde, die letztlich nichts anderes ist als die verzweifelte ‚Suche nach der verlorenen Liebe', ist Bruno auf der Jagd nach der Welt der Hochglanzpornohefte, die er freilich auch im Nudistencamp und auf Sexparties nicht finden kann. Sein Halbbruder Michel ist Molekularbiologe und verbringt sein autistisches Forscherleben zwischen Supermarkt und Psychopharmaka, bis er in einem gentechnischen Institut in Irland den unsterblichen, geschlechtslosen Menschen klont, der auf Fürsorge und Liebe nicht mehr angewiesen ist.

Die beiden traurigen Helden werden als das Produkt ihrer Mutter Janine dargestellt, die Anfang der sechziger Jahre Emanzipation und Bereicherung der inneren Erfahrungswelt über sexuelle Befreiung zu erreichen

---

12 Vgl. Werner Steinbeiss' gelungenen Artikel in „Kindlers Literaturlexikon".

sucht. Mit dem Vater Brunos, dem Erstgeborenen, führt sie das, was damals unter einer ‚modernen Ehe' verstanden wurde.

„Die mühselige Pflege jedoch, die das Aufziehen eines kleinen Kindes erfordert, erschien dem Paar sehr bald unvereinbar mit ihrem Ideal der persönlichen Freiheit, und so wurde Bruno in gegenseitigem Einvernehmen im Alter von zwei Jahren zu seinen Großeltern mütterlicherseits nach Algier geschickt."[13] (29)

Während der kurz darauf folgenden zweiten Schwangerschaft schließt sich Janine einer von kalifornischem Geist inspirierten Kommune an, die auf der Grundlage von sexueller Freiheit und dem Gebrauch psychedelischer Drogen ihr Bewusstsein zu erweitern trachtet. Als der Vater dieses zweiten Kindes von einer Reise nach China zurückkehrt, findet er Haus und Kind verwahrlost vor:

„Sein Sohn kroch unbeholfen über die Steinplatten, rutschte ab und zu in einer Pfütze aus Urin oder Exkrementen aus. Er kniff die Augen zusammen und jammerte unablässig. […] Von diesem Tag an wurde auch Michel von seiner Großmutter aufgezogen." (32f.)

Diskussionswürdig und interessant an Houellebecqs Roman ist nicht nur die Tatsache, dass er die fortschreitende Abstumpfung von Liebesfähigkeit, die er an seinen beiden Protagonisten durchspielt, auf die sexuelle Befreiungswelle der 68er Revolution zurückführt, sondern auch das dargestellte Mutterbild. Die emanzipierte, sexuell befreite, aber zur Mutterschaft unfähige Frau überlässt die Aufzucht ihrer Kinder sorglos den Großmüttern; sie selbst lässt ihre Kinder auf dem Weg der Selbsterfahrung verantwortungslos verrotten und verkümmern. Das Kleinkind entwickelt sich zum Störfaktor der mütterlichen Selbstverwirklichung, die hier noch spirituell konnotiert ist. Für die Gefühlsarmut ihrer Söhne, die zu liebes- und beziehungsunfähigen, freudlosen Männern heranwachsen, trägt sie in der

---

13 Houellebecq, Michel: Elementarteilchen, Köln ²1999. S. 29.

Welt des Romans die Hauptverantwortung; die Großmütter können durch ihren Einsatz das Unvermeidbare nicht mehr abwenden.

Vom Störfaktor der spirituellen, sexuellen Befreiung der Frau entwickelt sich der Säugling und insbesondere das Kleinkind in den 80er Jahren des 20. Jahrhunderts weiter zum vampiristischen Energiesauger, der der beruflichen Selbstverwirklichung der Mutter ein jähes Ende bereitet (oder zumindest schwere Stolpersteine in den Weg legt.) Humoristisch-drastisch schildern diesen Sachverhalt die Romane aus der Reihe „Die Frau in der Gesellschaft", wie etwa Claudia Kellers „Windeln, Wut und wilde Träume", „Kinder, Küche und Karriere" oder der auch verfilmte Bestseller Hera Linds „Das Superweib". In dem 1988 erschienen Roman „Windeln, Wut und wilde Träume" macht die 37 jährige Lisbeth, eine verheiratete Hausfrau mit zwei Kindern, folgende Bestandsaufnahme ihres Lebens:

> „Ich schäme mich, es zuzugeben, aber irgendwie habe ich immer den Anschluss zu jenen Zügen verpasst, auf die ich gern aufgesprungen wäre, denn immer schleppte ich Windelpakete und Großpackungen mit Wattestäbchen zum Reinigen von Kinderöhrchen anstelle von Werken wie ‚Die Scham ist vorbei' und ‚Weib und Macht', die mir beizeiten den richtigen Weg gewiesen hätten."[14]

Kinder im Vorschulalter werden in diesen Werken wie launische Monarchen oder biestige Quengelgeister dargestellt, die ihren Müttern vorsätzlich jegliche Aktivität vermiesen. Dauermüde und abgekämpft scheinen die Mütter diesen Plagen hilflos ausgeliefert und ertragen jedwede Grenzüberschreitung ihrer sogenannten ‚Minis'. Nach jahrelangem Alltagskampf mit Kind und Gatten ergreifen sie schließlich die Flucht, wie etwa Lisbeths Brieffreundin Paula, die „ihren langjährigen Wirkungskreis zwischen Ehebett, Waschmaschine, Besenschrank und Vierplattenherd unlängst aufgegeben und den Wischlappen niedergelegt hat, um ihren ‚eigenen Weg' zu gehen."[15]

---

14 Keller, Claudia, Windeln, Wut und wilde Träume. Frankfurt am Main 1988, S. 8.
15 Ebd., S. 7.

Aus der sog. ‚hohen Literatur' scheint das Kleinkind in den achtziger und neunziger Jahren weitgehend verbannt; weder Walser, Handke noch Enzensberger widmen sich ihm hinreichend. Das Kind, ehemals als Spiegel der Charaktere ein literarischer Funktionsträger, driftet, salopp formuliert, ab in die ‚Frauen-Ecke'. Folgerichtig zu dieser Entwicklung zeichnen sich die in den ‚Die Frau in der Gesellschaft' -Büchern dargestellten Väter durchweg durch fehlendes partnerschaftliches Verhalten und ausgeprägtes Desinteresse an ihren Nachkommen aus.

Wen wundert es da, wenn die Protagonistinnen der späten neunziger ohne Mann und Kind einem ausschweifenden Single-Dasein huldigen, wie Bridget Jones in Helen Fieldings bereits zum Kultbuch avancierten „Bridget Jone's Diary'". Bridget ist Anfang dreißig, arbeitet in einem Verlag und hat für Krisenzeiten (also eigentlich ständig) ein gut funktionierendes soziales Netz bestehend aus ihren Busenfreundinnen Jude und Shazzer und dem gutmütigen, homosexuellen Tom. Eigentlich könnte Bridget's Leben erfüllt und glücklich sein, wenn es da nicht eine nervtötende Mutter gäbe, die ihre Tochter endlich unter die Haube bringen will. Bridget's Mutter verkörpert im Roman die ‚andere Seite' von Bridget, die sich nach Mann und Familie sehnt; durch die Anspielungen und konkreten Verkuppelungsversuche der Mutter wird Bridget jeweils mit den Wünschen in sich selbst, die jenseits des Single-Daseins ihr Eigenleben führen, konfrontiert.

Die Widersprüchlichkeit von Bridget's Leben einerseits und ihren Wünschen andererseits tritt ungeschminkt hervor, als sie sich kurze Zeit später, das Ergebnis eines Schwangerschaftstests mißinterpretierend, tatsächlich für schwanger hält. Im Tagebuch heißt es:

„Einerseits empfand ich ganz häuslich und sentimental [...], gefiel mir darin, eine richtige Frau – von ununterdrückter Fruchtbarkeit! – zu sein und phantasierte über samtig weiche Babyhaut, ein winziges Wesen zum Liebhaben [...] Andererseits dachte ich, o mein Gott, mein Leben ist vorüber [...] Keine wilden Nächte mehr mit den Mädels, keine Einkaufsbummel, Flirts, Bettgeschichten, Weingelage und Zigaretten mehr. Statt dessen werde ich zu einer hässlichen, in Säcke gehüllten Milchmaschine werden, auf die kein Mensch steht, und werde in keine meiner Hosen mehr passen [...] Diese Wirrnis ist wohl der Preis, den ich dafür bezahlen muß, dass ich eine moderne Frau geworden bin, anstatt dem vorgesehenen Lauf der Natur zu folgen [...]".[16]

Als sich herausstellt, dass sie nicht schwanger ist, sondern in der Aufregung die Anleitung des Schwangerschaftstests falsch gelesen hat, trauert sie „dem verlorenen Baby" erleichtert nach.

Resumée

Mit Rousseau hält das Kleinkind Einzug in die Literatur. Sein literarischer Weg vom 18. Jahrhundert bis heute erstreckt sich vom ‚lieben Spielzeug' zur Zeit Effi Briests, in der dem Kleinkind als Wesen ohne Innenleben literarisch die Funktion eines Spiegels zukommt, bis hin zum Seismographen gesellschaftlicher Missstände wie zunächst bei Thomas Mann und schließlich in Günther Grass' „Die Blechtrommel". Vom vampiristischen Störfaktor der ‚Frau in der Gesellschaft' der späten achtziger Jahre des 20. Jahrhunderts mutiert das Kind als Romanfigur schließlich zur ambivalenten Wunsch- und Schreckensvorstellung und existiert schließlich nur mehr als Gedankenkonstrukt. In der Moderne bleibt das zugleich ersehnte und gefürchtete Kind innerhalb der fiktiven Welt der Literatur selbst fiktiv wie zuletzt in Bridget Jones' Tagebuch.

---

16 Fielding, Helen, Schokolade zum Frühstück. Das Tagebuch der Bridget Jones, München 1997, S. 137f.

Zur Kritik der sozialen Konzeption von Mutterschaft hierzulande

Elsbeth Kneuper

Die Schwangerenbetreuung und die Geburtshilfe haben in den westlichen Bundesländern während der vergangenen zwanzig Jahre eine rasante Entwicklung durchgemacht. Diese Entwicklung betrifft so unterschiedliche Bereiche wie die Neugeborenen-Intensiv-Medizin oder unser Verständnis der Physiologie der Geburt. Die Umorientierung in der Geburtshilfe hat unter Anderem dazu geführt, dass seit Mitte der Neunziger Jahre die Krankenkassen Geburten pauschal abrechnen, also ein Krankenhaus an einer spontanen, regelgerechten Geburt nicht weniger verdient als an einem intensiv-medizinischen Eingriff wie dem Kaiserschnitt. Diese Maßnahme hatte den gewünschten Effekt, eine spürbare Verringerung intensivmedizinischer Interventionen bei Geburten. Die Wertschätzung der physiologischen Geburt drückt sich auch in der veränderten Betreuung der Schwangeren und der jungen Müttern mit ihren Kindern aus.

In diesen nach wie vor im Wandel begriffenen Bereich sind ethnomedizinische Daten in erheblichem Umfang eingeflossen.[1] Nicht zuletzt im

---

1 Einschlägig ist Brigitte Jordan, Birth in four Cultures, Montreal 1983; gern zitiert wird die enzyklopädische Auflistung von Hermann Heinrich Ploss, Das Weib in der Natur- und Völkerkunde, Leipzig 1908. Über den Einfluss der Ethnologin Margaret Mead vor allem in den USA berichten Paul Bohannan und Dirk van der Elst: „Als ihre Tochter [...] noch ein Baby war, hatte sie einen Kinderarzt namens Benjamin Spock." Ihr Austausch mit Spock führte dazu, „dass überall in Dr. Spocks *The common Sense Book of Baby and Child Care* [...] ihre Spuren hinterlassen hat, einem Buch, von dem mehr Exemplare verkauft worden sind als von irgendeinem anderen englischen Originaltitel, und das auch in anderen Sprachen ein millionenfacher Erfolg war. [...] [J]eder von uns, der in der Spock oder- Nach-Spock-Ära aufwuchs, hatte eine sehr viel einfachere und angenehmere Kindheit, als es sie ohne ihn – oder ohne Margaret Mead – gegeben hätte." Bohannan, Paul; Dirk van der Elst, Fast nichts Menschliches ist mir fremd. Wie wir von anderen Kulturen lernen können, Wuppertal 2002, S. 51.

Vergleich mit so genannten "Naturvölkern" hat man die Vorzüge aufrechter Geburtshaltungen erkannt.² Auch für die Bedeutung der ersten Stunden nach der Geburt und des Stillens ist unter Rekurs auf ethnographisches Material argumentiert worden.³ Auffällig ist, dass in diesen Studien die Lebenswelt gegenüber den medizinischen Bedingungen kaum Berücksichtigung findet. Diese Verkürzung erscheint in verschiedener Hinsicht problematisch. Hier wird insbesondere die Chance vergeben, sich selbst, die eigene Praxis der Geburt im Spiegel fremder Kulturen als soziale Praxis zu begreifen und Andere zu verstehen. Dagegen wird Kultur auf ein Ensemble von Techniken verkürzt.⁴ Im Folgenden möchte ich zwei Argumente dafür anführen, dass die Betrachtung der soziokulturellen Aspekte von Schwangerschaft, Geburt und Wochenbett unverzichtbar sind, wenn man nicht den ethnologischen Beitrag zu diesem Feld auf die Rechtfertigung technischer Details beschränken und wichtige Aspekte unserer sozialen Wirklichkeit, unserer Alltagskultur aus dem Blick verlieren will. Dabei geht es nicht unmittelbar um das Thema Kind, sondern um die Mutter. Diese Akzentverschiebung scheint jedoch lässlich, insofern einerseits die Mutterwerdung ein wichtiger Aspekt der sozialen Konzeption des Kindes ist und andererseits Frauen in der Öffentlichkeit nach wie vor oft ihrerseits als Aspekt der Reproduktion konzipiert werden. Die Vorstellung von Frauen als Müttern, die in Form gesellschaftlicher Institutionen und gesetzlicher Regelungen materialisieren, sind wesentlich von der Vorstellung geprägt, die man sich vom Kind und seiner Rolle im sozialen Gefüge macht, und beleuchten damit eine wichtige Seite der Konzeption des jungen Menschen.

Während das zweite Argument von einem Problem innerhalb des bundesdeutschen Geburtssystems ausgeht, ist das erste unmittelbar von ethnographischen Daten aus Ozeanien inspiriert.

---

2 Etwa Kitzinger, Sheila 1990, Schwangerschaft und Geburt. Kuntner, Liselotte 1990. Gebären und Gebärhaltung im interkulturellen Vergleich. Odent, Michel 1980, Die Geburt des Menschen. für eine ökologische Wende in der Geburtshilfe.
3 Liedloff, Jean 1980, Auf der Suche nach dem verlorenen Glück. Hannah Lothrop ³1993. Das Stillbuch.
4 Zum Verhältnis von Geburt und Kultur: Birth in four Cultures, S. 32-67.

Mutterwerden im Kulturvergleich

Für einen Kulturvergleich ist es nötig, eine breitere Wissensbasis als nur Daten über das unmittelbare Geburtsgeschehen zu Grunde zu legen. Für Ethnien aus dem pazifischen Raum liegt eine Reihe von Studien vor, die zu einem solchen Vergleich herangezogen werden können.[5] Für die bundesdeutsche Gesellschaft fehlen entsprechende Daten, die auch die relevanten Institutionen und das Umfeld mit einbeziehen. Die wenigen Arbeiten zum psychosozialen Verlauf der Mutterwerdung sind großenteils autobiographisch, so dass die eigentlich soziale Perspektive fehlt,[6] oder für unsere Zwecke methodisch unzureichend.[7] Ein idealer Ausgangspunkt wäre eine Ethnographie unserer Gesellschaft, in deren Rahmen die Mutterwerdung gestellt werden könnte. Ein solches Vorhaben erscheint kaum realisierbar. Zumindest einige Schritte in diese Richtung habe ich jedoch mit einem Dissertationsvorhaben unternommen. Um die soziokulturelle Bedeutung der Mutterwerdung als auch das Befinden der Schwangeren bzw. der jungen Mutter in den Blick zu bekommen, habe ich die Mutterwerdung von zweiundzwanzig Frauen im Einzugsgebiet einer deutschen Universitätsstadt von der frühen Schwangerschaft an bis ins Wochenbett hinein begleitet und verglichen.[8] Dazu habe ich mit den Frauen in etwa

---

5 Rezente Forschungen sind etwa Hermann, Elfriede 1995,li Emotionen, Historizität bei den Ngaing. Kempf, Wolfgang 1996, Das Innere des Äußeren. Ritual, Macht und historische Praxis bei den Ngaing. Lutkehaus, Nancy; Paul B. Roscoe (Hg.) 1995, Gender Rituals. Female Initiation in Melanesia.
6 Besch-Cornelius, Julia 1987. Psychoanalyse und Mutterschaft. Chesler, Phyllis 1980. Die Geschichte einer Schwangerschaft.
7 Geibel-Neuberger, Ulrich 1990, Der Entwicklungsprozess der „frühen Elternschaft" aus ethnomedizinischer Sicht. Gloger-Tippelt, Gabriele 1988. Schwangerschaft und erste Geburt. Wimmer-Puchinger, Beate 1991. Schwangerschaft als Krise.
8 Die Datenerhebung konzentrierte sich auf ungefähr wöchentliche Gespräche mit Frauen etwa vom 3. Monat der Schwangerschaft, in einigen Fällen auch bereits vom ersten Monat an, bis zum Ausklang des Wochenbettes. Weil die Teilnehmerinnen von sich aus auf Zeitungsartikel und Flugblätter ihr Interesse an der Studie bekundet haben, ergibt sich hinsichtlich des Stadiums der Schwangerschaft kein einheitlicher Zeitpunkt der Ge-

zehntägigen Abständen circa zweistündige, nichtstandardisierte Gespräche geführt, aber auch mehrere Geburtsvorbereitungs- und Rückbildungskurse besucht, und mit Hebammen, Gynäkolog/inn/en, Krankenschwestern und Krankengymnastinnen gesprochen.[9] Damit verfüge ich über Daten von hinreichender Dichte, die für einen kulturellen Vergleich geeignet sind.

Wieweit diese Daten repräsentativ sind, lässt sich nicht ohne weiteres beantworten. Der Vergleich mit Daten quantitativer Untersuchungen der Schwangerschaft zeigt allerdings, dass etwa mit Blick auf die Häufigkeit von Abgängen und anderen medizinischen Indikationen die Studie eine für

---

sprächsaufnahme. Vergleichbare, rezente Studien liegen vor allem für die USA, aber auch für einige europäische Länder vor.

Davis-Floyd, Robby 1991, Birth as an American Rite of Passage. Klassen, Pamela 2001, Blessed Events. Religion and Home Birth in America. Holmqvist, Tove 2000, „The Hospital is a Uterus": Western discourses of Childbirth in late modernity – a Case Study from Northern Italy.

9 Die Auswahlkriterien für die Schwangeren waren relativ offen: Die Teilnehmerinnen der Studie würden die Zeit ihrer Schwangerschaft vorwiegend im Einzugsgebiet dieser Stadt verbringen und die dortige medizinische Infrastruktur nutzen, damit die Kohärenz des Datenmaterials gewährleistet würde. Gemeinsam war den Frauen, dass sie im Großen und Ganzen mit ihrer Schwangerschaft und ihrer familiären Situation einverstanden waren. Damit dürfte auch zusammenhängen, dass alle Frauen mit dem jeweiligen Vater des Kindes zusammen lebten.

Mir liegt ein heterogenes Sample von Frauen zum Beispiel hinsichtlich der folgenden Kriterien vor: die Haltung der jeweiligen Frau zu Mutterschaft, zu Familiengestaltung und Erwerbstätigkeit, zur beruflichen Qualifikation, und zum Hintergrund der Herkunftsfamilie. Ein Drittel der Frauen ist in der Stadt und ihrer Umgebung aufgewachsen und lebt dort. Etwa jede dritte Frau war aus unterschiedlichen Beweggründen nach Deutschland zugezogen, und das verbleibende Drittel ist aus anderen Regionen der Bundesrepublik zugezogen

So verschieden die Frauen in der Mikroanalyse hinsichtlich ihrer Vorstellungen und Erfahrungen von und mit der Mutterschaft, ihres Weltbildes, ihrer finanziellen Situation, ihres Alters, ihres Umgangs mit Gesund /Kranksein sind, so sind die Schwangerschaften durch das Medizinsystem in sehr ähnlicher Weise strukturiert worden. Beispielsweise haben alle Frauen selbstverständlich alle Routineuntersuchungen wahrgenommen, den Mutterpass bei sich getragen und einen Geburtsvorbereitungskurs besucht.

den Zweck dieser Überlegungen hinreichend repräsentative Stichprobe darstellt.[10]

Was bei dem Vergleich des ozeanischen mit dem deutschen Material zunächst auffällt, ist der signifikante Unterschied in der Bewertung des Status, den eine Frau durch die Mutterwerdung erlangt. Florence Weiss hat diesen Punkt für die Iatmul auf Papua Neuguinea untersucht. So ist bemerkenswert, dass sich dort das Tätigkeitsfeld einer Frau durch die Mutterwerdung wenig verändert. Die Frauen sind in der Subsistenz-Wirtschaft der Iatmul für die Ernährung zuständig.[11]

Daher kommt eine Frau nicht in die Lage, zwischen der Versorgung von Kindern und ihrer sonstigen Betätigung wählen zu müssen, die Mutterwerdung stellt vielmehr eine Erweiterung ihres Aufgabenfeldes dar, die aber vom Charakter her ihrer früheren Arbeit entspricht.

Während der ersten Wochen nach der Geburt, in denen sie sich ausruht und intensiv um das Neugeborene kümmert, wird sie von den anderen Frauen mitversorgt. Sobald ihr Körper sich auf die neue Lebenslage eingerichtet und sie sich von der Geburt erholt hat, geht sie wieder Fischen. Während ihrer Abwesenheit wird ihr Säugling von älteren Kindern oder auch Männern betreut.[12] Das bedeutet, dass die Iatmul-Frauen eine Geburt weder als biographischen Bruch erleben noch sich in ihrer Bewegungs-

---

10 Die Abgangsrate, die Frühgeburtlichkeit, die Ängste bei pränatalen Untersuchungen, Komplikationen und Beeinträchtigungen wie Gestosen und Beckenendlagen entsprechen den Durchschnittswerten der jüngsten Untersuchungen. Vonderlin, Ewald 1999, Frühgeburtlickeit.
Ängste der Schwangeren bei pränatalen Untersuchungen bei nichtauftretenden Befunden.

11 Generell ist die durchschnittliche Arbeitszeit der Iatmul viel kürzer als bei uns und wird mit etwa 6 Stunden am Tag angegeben. Weiss, Florence 1988, Mutterschaft und frühe Kindheit bei den Iatmul in Papua Neuguinea, S. 86.

12 Weiss geht detailliert auf Schlafgewohnheiten und Stillhaltungen ein, macht darauf aufmerksam, dass „die Männer viele Arbeiten in der Nähe des Wohnhauses ausführen" damit sie für die Kinder präsent sind und mitbekommen, „was ihre Kinder treiben" und sie auch beaufsichtigen, S. 85.

freiheit einschränken müssen, obwohl sie eine enge körperliche Beziehung zu dem Neugeborenen haben.[13]

Trotz der kontinuierlichen Entwicklung wird ihr Statusübergang zur Mutterschaft gerade in Ozeanien vielfach durch ein Fest gewürdigt, an dem sich das gesamte Dorf beteiligt.[14] Stannek betont, dass der wesentliche Gehalt nicht in einer Überführung der Frau von einem unreinen in einen reinen Zustand besteht,[15] sondern um das Lob der Mutter durch die Gemeinschaft. Dabei wird sowohl die einzelne Frau als auch generell die Bedeutung der Mutterschaft für die Gesellschaft gefeiert.

Von diesem Sozialgefüge unterscheiden sich die Bedingungen der Mutterwerdung in unserer Gesellschaft erheblich. Anders als bei den Iatmul verändert sich das Tätigkeitsfeld der Teilnehmerinnen der Studie radikal, vor allem, wenn sie ihr erstes Kind zur Welt bringen. Anders als in den Fünfziger und Sechziger Jahren, als die Eheschließung für die Frauen in der Bundesrepublik der entscheidende Einschnitt war, ist heute das erste Kind der einschneidendere biographische Übergang.[16] Während es für Frauen ohne Kinder in Deutschland selbstverständlich ist, im Berufsleben zu stehen und dieses einen wichtigen Teil ihres sozialen Netzwerkes ausmacht, ändert sich ihre Situation mit der Ankunft des ersten Kindes. Um die 30. Woche hören die berufstätigen Teilnehmerinnen der Studie auf zu arbeiten beziehungsweise unterbrechen ihre Ausbildung. Mindestens für

---

13 In den ersten Wochen und während der Nächte der ersten drei Jahre erhalten die Kinder nach ihrem Bedürfnis, also so oft und so lange diese es wünschen, die mütterliche Brust (self-demand), auch bei Angst und Aufregung, nicht nur zur Ernährung. Durch die starke Verfügung seitens des Kindes braucht die Mutter dem Kind beim einzelnen Brustkontakt weniger Aufmerksamkeit entgegen zu bringen, es geht soweit, dass die Mutter gar nicht aufwacht, während das Kind an die Brust geht.
14 Stanek, Milan 1983, Sozialordnung und Mythik in Palimbei. Bausteine zur ganzheitlichen Beschreibung einer Dorfgemeinschaft der Iatmul, East Sepik Prov.
15 Wie es in Deutschland im ländlichen Raum bis ins 20. Jahrhundert üblich war. Lexikon d. deutschen Aberglaubens. Lemmata: Aussegnung, Geburt, Reinigung, Taufe. Die Unreinheit, die durch die Geburt eines Mädchens entstand, war zum Teil erheblich größer als die nach der Geburt eines männlichen Kindes.
16 Notz, Gisela 1991a, „Du bist als Frau um einiges mehr gebunden als der Mann.", S. 13. 1991b, Auf der Suche nach den neuen Vätern, S. 24.

die folgenden sechs Monate bilden die Versorgung des Kindes und die Hausarbeit für sie den Lebensmittelpunkt.[17] Einige Frauen fürchten, dass ihre Schwangerschaft eine Quelle weiterer, nicht absehbarer Benachteiligungen bedeuten könnte.

Diese Befürchtungen werden nicht selten bestätigt: In vielen Fällen wird den Frauen signalisiert, dass ihre Schwangerschaft mit der Fortführung der Berufstätigkeit und vor allem mit beruflichem Aufstieg nicht vereinbar sei – die Arbeitgeber gehen davon aus, dass eine Frau als Mutter sich am Arbeitsplatz weniger einsetzen werde als bisher.[18] Das wird kontrastiert durch die Bedingungen der Männer, deren Stellung am Arbeitsplatz durch ein Kind eher gestärkt wird.[19]

---

17 Nach den Bestimmungen des Mutterschutzgesetzes beendet eine schwangere Frau je nach Verlauf der Schwangerschaft mehrere Wochen, mindestens jedoch 4 Wochen vor der Geburt die Berufstätigkeit. Der Mutterschutz impliziert nicht nur ein mehrwöchiges, vom Geburtsverlauf in der Dauer abhängiges Arbeitsverbot, sondern auch die Möglichkeit, bis zu sechs Monaten zu Haus zu bleiben. Daran kann sich der Erziehungsurlaub anschließen, der in weniger als 5% nicht von den Müttern, sondern vom Vater oder anderen Personen in Anspruch genommen wird.

18 In zahlreichen Mitteilungen zu diesem Punkt, von denen mir die Teilnehmerinnen der Studie berichtet haben, drückt sich die Erwartung aus, die junge Mutter würde, könnte sie wählen, zunächst vollzeitig zu Hause bleiben und später einer Teilzeiterwerbstätigkeit nachgehen. Dem entspricht, dass die Anzahl an Krippenplätzen von 50 etwa 5000 Geburten pro Jahr gegenübersteht. Auf einen Krippenplatz kommen in dieser Stadt also rechnerisch 125000 Kinder im Alter von 6 bis 36 Monaten. Eine Versorgung durch Tagesmütter wird zwar durch die Stadtverwaltung organisiert, aber eine Qualifikation, gar ein spezifisches Berufsbild und damit ein Standard, auf dessen Einhaltung die Mütter sich verlassen könnten, ist in der Bundesrepublik nicht vorhanden.

„Neben Italien und Spanien hat Westdeutschland unter allen industrialisierten Nationen eine der niedrigsten Raten an weiblicher Arbeitspartizipation (gemeint ist Berufstätigkeit, E.K.). 1992 betrug die Rate für alle Frauen im Alter von über 15 Jahren in Deutschland 40%. Hierbei sind 37% der berufstätigen Frauen im ehemaligen Westdeutschland Teilzeitbeschäftigte, im Vergleich zu 0,037% der Männer im Westen und 15% der berufstätigen Frauen im ehemaligen Osten. (Stat. Jahrbuch 1994). Die Proportion an Frauen mit Teilzeitbeschäftigung ist eine der höchsten in der Europäischen Union." (Hoecklin, Lisa 2002, Mutterschaft im Vaterland, S. 83.)

19 Beispielsweise berichtet eine Studienteilnehmerin aus dem Arbeitsleben ihres Partners: „Na ja, und dann war Mirko mit einem Kollegen und dem Chef unterwegs, und dieser

Bei wenigen Frauen fällt der Bruch so radikal aus wie bei TANJA WITTEMEYER, die während der Schwangerschaft ihre Ausbildung abbricht und sich damit auf das Dasein als Hausfrau und Mutter festlegt. Allerdings haben auch andere Frauen während der Schwangerschaft entschieden, nicht mehr erwerbstätig zu werden. Für die jungen Mütter sind, wie sie sich auch entscheiden, zunächst ihre Bewegungsfreiheit und damit auch ihre sozialen Kontakte im Vergleich zu ihrem bisherigen Leben spürbar eingeschränkt. Anders als bei den Iatmul bleibt ihr bisheriges Netzwerk nicht erhalten. Vielmehr werden sie, wenn sie ihre Erwerbstätigkeit nicht wieder aufnehmen können oder wollen, vom Vater des Kindes und oder von sozialer Unterstützung abhängig. Das bedeutet auch, dass sie im Alter deutlich weniger Rente bekommen werden, als ihr Partner.[20] In jedem Fall impliziert eine Entscheidung für ein Kind keinen eindeutigen

---

Kollege, das ist halt so ein ganz Kluger mit Doktortitel und Lehrgang hier und da. Und mit dem Vatersein wird eben doch was Besonderes verbunden, Verantwortung, das wurde da nochmal ganz deutlich, weil bei der Beratung der Chef irgendwann einfach zu dem Kollegen sagte, das wäre eine abgehobene Kopf-Lösung, und direkt zu Mirko sagte, dass er als Vater eben besser wisse, worauf es ankomme und Verantwortung übernähme und so. Mirko hat darüber dann schon nachgedacht, dass auch dem Chef klar ist, dass das Vatersein eben eine wesentliche Qualität ist, dass das auch im Arbeitsleben bedeutet, dass man Entscheidungen trifft und Konsequenzen dann eben auch tragen kann. Das weiß man natürlich dann besser und kann es auch würdigen, wenn man die Lage selbst kennt. Und so wird die Verbindung zum Chef hin halt schon deutlicher, er unterscheidet sich von all denen, die eben nicht diese Schwelle überschreiten...(?)... Sicher, weil der Mann dann die Familie versorgt, wird er auch fleißiger und gefügiger als ein Single, also zuverlässiger aus der Sicht des Chefs, der nur für sich selbst ein Einkommen haben muss." (TW 468)

20 Für weibliche Angestellte im ehemaligen Westen beträgt die Rente 48% der Pension eines männlichen Angestellten, für Arbeiterinnen sind es 39,3% von der eines männlichen Arbeiters. Im ehemaligen Osten sind die Unterschiede geringer; die Pensionen von Frauen sind dort etwa um ein Drittel kleiner als die von Männern. Ungefähr 62% der Rentnerinnen erhielten monatlich weniger als 500 DM, verglichen mit nur 10% der Rentner. Eine Unterstützung ist eng verbunden mit dem Familienstand, und in den meisten Fällen sind die Pensionen von Witwen, die in Abhängigkeit von dem männlichen Einkommen (60%) errechnet werden, höher als die Pensionen, die auf der Anzahl der Beschäftigungsjahre der Frauen basieren. Schiewe, Kirsten 1994, German Pension Insurance, Gendered Times and Stratifications, 132ff.

Statusgewinn.[21] Bereits während der Schwangerschaft überlegt GERDA TENNERT, die von sich sagt, dass sie gerne Mutter sei:

> „Eigentlich ist es völlig irre, von einem einigermaßen rationalen Standpunkt aus. Das Leben wird nicht nur viel schwieriger, sondern man kriegt kein bisschen Anerkennung für das, was man da so tut. Oder vielleicht Anerkennung, aber die kann man nicht essen, und nicht drin schlafen. Manchmal denke ich, es muss doch der Instinkt sein, irgendein Trieb, die Gene, das man das macht. Zum Kind wird einem dann schon sehr geholfen, ich meine, dass Frauen Kinder zur Welt bringen. Bei der Versorgung, bei der Erziehung wird man dann sehr allein gelassen. Kinder werden ja auch gebraucht, das ist ja sozusagen ein Interesse des Staates. Es ist eben nicht so wichtig, dass es den Frauen auch gut geht." (GT 1053)

Nur wenige Frauen haben ihre Entscheidung so weitgehend in Frage gestellt. Dass eine Mutterwerdung eine deutliche finanzielle Belastung, aber keinen eindeutigen Zuwachs an Prestige bedeutet, haben jedoch die meisten Frauen gesehen: Ein Kind bringt erhöhte Ausgaben mit sich, während die Frau oder die Familie weniger Geld einnimmt, weil die Frau nicht mehr erwerbstätig ist. Zugleich wird die Mutterwerdung nicht eigens auf symbolischer Ebene gewürdigt. Im Unterschied zu den Iatmul wird zwar das Kind mit Geschenken bedacht und in einigen Fällen bei einer ersten Aufnahme in die religiöse Gemeinschaft gewürdigt. Zugleich tritt indessen die Mutterwerdung hinter dem Kind zurück.

Im Kulturvergleich wird sichtbar, dass die Wertschätzung von Mutterschaft in unserer Gesellschaft trotz der unbestritten guten medizinischen Versorgung und der sozialen Sicherungssysteme nicht groß ist.

Dieser Umstand ist etwas, das wir ebenso wie Geburtstechniken oder Kinderbetreuung aus einem Kulturvergleich lernen können. Nicht nur für

---

21 Beck-Gernsheim, Elisabeth 1989a, Vom Geburtenrückgang zur Neuen Mütterlichkeit?, 1989b, Mutterwerden - der Sprung in ein anderes Leben? und 1990, Das halbierte Leben: Männerwelt Beruf, Frauenwelt Familie. 1994, Gesundheit und Verantwortung im Zeitalter der Gentechnologie.

das Befinden der werdenden Mütter, sondern auch für eine gesunde Schwangerschaft und ein unproblematisches Wochenbett sind die sozialen Umstände aber sicherlich ebenso wichtig wie etwa die Anleitung zu einer optimalen Geburtshaltung.

Es ist vorstellbar, dass sich der Bereich der im weiteren Sinne medizinischen Techniken zu Schwangerschaft, Geburt und dem Umgang mit dem Neugeborenen, die wir aus anderen Kulturen übernehmen, zu einem immer effektiveren Patchwork ethnomedizinischer Verfahren erweitern lässt. Aber durch dieses Wissen werden die gesellschaftlichen Voraussetzungen der Mutterwerdung kaum berührt. Sicherlich kann man sich weniger einfach an sozialen Strukturen anderer Gesellschaften orientieren, wie man deren Techniken übernehmen kann. Ich möchte dieses Argument entsprechend nicht als Plädoyer missverstanden wissen, leichtfertig Bestandteile der sozialen Praxis von Gesellschaften wie den Iatmul zu übernehmen. Dennoch können wir von einem Vergleich profitieren, der über die Betrachtung bloßer Verfahrensweisen hinausgeht, indem wir uns von unsere eigenen Vorstellungen durch den Vergleich distanzieren können.

Das Tabu der frühen Abgänge

In diesem Sinne versucht die Ethnopsychoanalytikerin Maya Nadig, einen Kulturvergleich nutzbar zu machen, um psychoanalytische Forderungen an werdende Mütter zu relativieren. Sie setzt sich mit den oft übertriebenen Ansprüchen an junge Mütter auseinander. Als Beispiel zitiert sie den englischen Psychoanalytiker Donald Winnicott, der meint,

> „eine Mutter muß fähig sein, ihren Haß auf ihr Baby zu ertragen, ohne ihn in ihre Handlungen einfließen zu lassen." (32)[22]

Dagegen wendet Nadig ein, der Vergleich mit Ethnien wie den Cuna in Panama lehre,

---

22 Nadig, Maya 1998, Körperhaftigkeit, Erfahrung und Ritual. Geburtsrituale im interkulturellen Vergleich.

„nicht die Mutter allein [...], sondern die soziale Gruppe müßte mit ihr Konflikte wahrnehmen und Lösungsmöglichkeiten entwickeln. Die technische Art der modernen Geburtshilfe, die sich fast ausschließlich auf die Erhaltung des Kindes, seines APGAR-Wertes und seines IQ konzentriert, bietet relativ wenig symbolische oder reale Hilfe, um der Mutter den Umgang mit ihren Aggressionen, ihrer Wut und ihrer Angst zu erleichtern"(33).

Die Person lässt sich aber nicht vom sozialen Umfeld abtrennen. Das Beispiel von Nadig belegt, dass in den westlichen Gesellschaften die Neigung dazu sehr groß ist, dass aber die Folgen bedenklich sein können. Diese Einsicht scheint mir sehr wichtig und entsprechend bildet ein Beispiel für diesen Sachverhalt mein zweites Argument. Dabei geht es um das Phänomen der Abgänge im ersten Drittel der Schwangerschaft. Während dieser zwölf Wochen gehen circa zwei Drittel aller Embryonen respektive Feten spontan ab.[23]

Während der Sachverhalt unter Fachleuten durchaus bekannt ist, sind junge Frauen bzw. Paare fast immer ziemlich überrascht, wenn sie als Betroffene von diesen Zahlen erfahren. Eine typische Bemerkung ist etwa diese: Die Frau hatte zwei Abgänge und berichtet von ihrem ersten:

„Die erste war viel schlimmer als die zweite. Wir hatten uns so gefreut und ich habe es allen Leuten gleich erzählt, nachdem mein Arzt mir gesagt hat, dass ich schwanger bin; und das war dann sehr unangenehm – zunächst mal deshalb, weil ich so überrascht war – im Traum wären wir nicht darauf gekommen, dass uns so etwas passieren könnte! Wir hatten schon so viel gelesen und geplant, wann wir was besorgen, wann wir das Zimmer streichen und so. Und in keinem der schlauen Bücher steht ja was dazu! Aber auch in keinem. Naja, und das zweite Mal war wesentlich weniger schlimm." (GH 563)

---

23 Der Durchschnitt in der Bundesrepublik wird, eingerechnet einer geschätzten Dunkelziffer, mit 66% aller eingetretenen Schwangerschaft beziffert. Vgl. Schmidt-Matthiesen, Heinrich und Hermann Hepp, Gynäkologie und Geburtshilfe, Stuttgart; New York 1998, S. 555.

Ganz offenbar war die Frau völlig unvorbereitet. Das ist allen Frauen, mit denen ich gesprochen habe, beim ersten Mal so gegangen. Generell machen Frauen eher schlechte Erfahrungen, wenn sie zu früh von ihrer Schwangerschaft berichten. Insbesondere das Thema des Abganges scheint ein schwieriges Gesprächsthema zu sein. Eine Dritte berichtet:

> „Unsere Freunde waren nicht sehr offen; es fiel mir eh sehr schwer, darüber zu reden, und wir hatten beide nicht den Eindruck, dass die Leute etwas hören wollten von dem, was bei uns war, womit wir uns beschäftigt haben. Wir waren schon ziemlich allein, und wir haben das auch gespürt. Es ist schon klar, dass wir als Betroffene am traurigsten waren, aber die Leute haben uns vermittelt, dass es nicht angemessen wäre, darüber zu sprechen."(IG 619)

Das Zitat macht deutlich, dass der Bereich tabuisiert ist.[24] (Einige haben mir gegenüber den Ausdruck „Tabu" im allgemeinverständlichen Sinne auch gebraucht.)Die Folge dieser Tabuisierung ist, dass die Frauen mit dem Abgang im Großen und Ganzen allein gelassen werden.

> „Es gibt ja keine Erklärung für dieses Sterben, wieso eigentlich? Hat das noch niemand erforscht? Wenn es Männern passieren würde, wäre es erforscht. Ich frage mich nach wie vor, weshalb es passiert. Aber das weiß eben keiner." (BK 236)

Natürlich gibt es Versuche, den Abgang irgendwie zu erklären. Eine der Frauen hatte eine eher ‚atmosphärische' Erklärung, die fast ein bisschen magisch anmutet.

---

24 Der Ausdruck „Tabu" stammt aus Polynesien, wo er ein System von Verboten und Meidungsvorschriften bezeichnet, die mit dem Herrscher verbunden waren. Dazu gehörte insbesondere das Gebot, den Namen des Häuptlings nicht auszusprechen, um seine Position zu schützen. Im Folgenden verwende ich Tabu für Sachverhalte, die öffentlich nicht angesprochen werden können. Solche 'Meidungsgebote' sind in westlichen Gesellschaften implizit, aber sie markieren zum Teil, wie wir sehen werden, ähnlich den polynesischen Tabus Bereiche, die mit gesellschaftlicher Macht verbunden sind.

„Na ja, ich stelle mir schon vor, dass es einen Einfluss hat, wer davon weiß und wie diese Leute dann über einen denken. Deshalb habe ich es nicht erzählt – auch wenn ich es eigentlich sehr gern gemacht hätte."

Die meisten suchen die Ursachen jedoch bei sich. Ein Resümee hört sich entsprechend so an:

„Eines ist mir aber sehr wichtig geworden, weil ich es ja sozusagen bezahlt habe auf diese Weise: Ich muss etwas ändern an dem Leben, so, wie es jetzt ist, geht es nicht weiter: Ich bin überlastet, viel zu sehr mit dem Kind beschäftigt, meine ich. Das darf mir nicht wieder passieren, dass ich dem Wesen nicht den Raum geben kann, den es braucht. Ich habe das falsch gemacht und ich will schauen, dass mir das in Zukunft nicht wieder passiert. Es hat böse Folgen und ich muss sehen, dass ich damit irgendwie klar komme." (IG 620)

Gemessen an der Intensität der Erfahrung des Abgangs und an dem Leid und der Trauer, erhalten die Frauen wenig Unterstützung. Selbst bei der Interpretation werden die Frauen mehr oder weniger auf sich selbst verwiesen. Der Umstand, dass gerade in den ersten Wochen der Schwangerschaft komplexe embryonalphysiologische Vorgänge ablaufen, scheint eine medizinische Erklärung anzubieten.[25] Tatsächlich jedoch ist das medizinische Deutungsangebot einigermaßen mager. Und das, obwohl die Schwangerschaft eine der gut untersuchten – und gründlich kontrollierter – Körperprozess ist. Eine Frau kann innerhalb weniger Tage in Erfahrung bringen, ob sie schwanger ist oder nicht. Wenn sie schwanger ist, gibt es zwar viele Fragen zu beantworten, aber für jede körperliche Veränderung, die die Frau feststellt, gibt es Erklärungen – es ist eher so, dass die Frau auch Phänomene und Dinge erklärt findet, die sie noch nicht beobachtet hat.

---

25 Eine hinreichend gründliche Darstellung findet sich im *Hebammenbuch*, S. 79-102.

Angesichts dieser Umstände macht es stutzig, wenn es für den „Fruchtabgang" keine griffige Erklärung gibt. Das ganze Thema wirkt wie eine Art Leerstelle, ein dunkler Fleck im öffentlichen Bewusstsein vom Thema Schwangerschaft. Es ist, als dürfe darüber irgendwie nicht geredet werden und als gäbe es keine Konzepte, damit angemessen umzugehen. Die Frage, die sich daraus ergibt, ist: Wieso wird dieses Thema tabuisiert? Eine ganze Reihe verwandter Themen wie die Gefahr der Behinderung bei werdenden Kindern oder die Risiken unter der Geburt sind bspw. nicht mit einem Tabu belegt.

Interessant ist dabei zunächst einmal die Geschichte dieses Tabus. Das Tabu der frühen Abgänge in dieser Form ist vermutlich noch sehr jung. Noch in Bezug auf die Zeit von vor zweihundert Jahren kann von einem solchen Tabu nicht die Rede sein. Das hängt aber nicht, wie man vielleicht erwarten mag, damit zusammen, dass die Abgänge zu jener Zeit nicht verdrängt worden wären. Eher hat die erste Hälfte der Schwangerschaft, wie wir sie heute kennen, lange Zeit überhaupt nicht existiert.

Die Schwangerschaft wurde nach unserer heutigen „Zeitrechnung" etwa im fünften Monat erst zu einem sozialen Faktum. Entsprechend war lange Zeit die Dauer der Schwangerschaft umstritten. Eine Schwangerschaft war im achtzehnten Jahrhundert mit der Empfindung der Kindsregungen überhaupt erst mit einiger Verlässlichkeit zu diagnostizieren.[26]

Diese Umstände legen nahe, dass die Tabuisierung der frühen Abgänge zeitgleich mit dem Wissen über die ‚frühe' Schwangerschaft, also insbesondere dem ersten Drittel entstanden ist. Im zwanzigsten Jahrhundert hat das Konzept der frühen Schwangerschaft eine atemberaubende Entwicklung durchgemacht. Deren Motor ist zunächst einmal die Pränataldiagnostik mit ihren unterschiedlichen Mitteln der Visualisierung gewesen,[27] sie wird aber mehr und mehr auch von der psychoanalytisch geprägten Pränatalpsychologie vorangetrieben. Die Erkenntnisse der Pränatalpsychologie sind nach Janus (vgl. den Beitrag in diesem Band) aus Resul-

---

26 Duden, Barbara 1991, Der Frauenleib als öffentlicher Ort, S. 105ff.
27 Vor allem die Fotos von Embryonen und Feten von Lenard haben hier eine besondere Rolle gespielt. Nilsson, Lennart; Lars Hamberger ²1990, Ein Kind entsteht. Zur Kritik die Übersicht bei Pfleiderer, Beatrix 1995, Der Blick nach Drinnen, S. 178-182.

taten psychotherapeutischer Interventionen abgeleitet worden, in denen Symptome bei Erwachsenen als Folgen vorgeburtlichen und geburtlichen Erlebens gedeutet worden sind.

Das Symbol, das zunehmend für die frühe Schwangerschaft steht, ist das des embryonalen Fast-schon-Kindes. Durch Abbildungen in Lehrbüchern, durch Fotos von Embryos im Mutterleib, durch das Bild des Ultraschalls, aber auch in noch eindringlicherer Weise durch Theorien, die die pränatalen Voraussetzungen der psychischen Entwicklung im Mutterleib zum Gegenstand haben, bekommt die Leibesfrucht in der Vorstellungswelt des modernen Menschen Attribute einer mehr oder weniger entwickelten Person. Körperbeherrschung.

Das Tabu der frühen Abgänge ist das Ergebnis dieser Entwicklung. Einen Hinweis auf die Dynamik der Entwicklung und damit die Erklärung des Tabus geben die Daten meiner Studie. An den Äußerungen der Frauen zu dem Thema fällt auf, dass die meisten Betroffenen in der einen oder anderen Form Schuldgefühle haben. Wir müssen versuchen, zu verstehen, welche Vorstellungen hinter diesen Schuldgefühlen stehen. Die diesen Gefühlen zugrunde liegenden ‚verborgenen' Vorstellungen lassen sich wie folgt skizzieren: Die Frau und das ‚Kind' passen nicht recht zusammen; sie lernen sich kennen und sie beschließen, sich zu trennen. Das hat zur Voraussetzung, dass dem Embryo Handlungsfähigkeit und Status in einem Grad zukommen, die es fast zu einer Person machen. Die Pränatalpsychologie suggeriert eine Vorstellung, nach der die Frauen für den Abgang, für das ‚Sterben' eines ‚Fast-schon-Kindes', mitverantwortlich sind: Sie haben das ‚Kind' ‚nicht gewollt' oder sie haben ihm ‚keinen Raum geben können'.

Entsprechend behandeln die Frauen die Versatzstücke der vorgeburtlichen Psychologie analog den medizinischen Verhaltensregeln beispielsweise hinsichtlich ihrer Ernährung und fühlen sich für die Abgänge verantwortlich. Darin, vermute ich, besteht zugleich die Vorstellung, die für die Umgebung der Schwangeren und insbesondere für den öffentlichen Diskurs nicht zugelassen werden darf. Die Macht über das Leben ist in der Gesellschaft Institutionen, bis zur Aufklärung der Kirche, später dem Staat übertragen. Die öffentlichen Institutionen haben das Monopol der Verfügung über das Leben.[28] Gerade diese Macht wird vermittelt durch Theorien und Verfahren etwa der Pränatalpsychologie bzw. ihrer Symbolik indessen implizit den Frauen zugeschrieben, und zwar einerseits dadurch, dass der Embryo zunehmend als Mensch oder wenigstens Beinahe-Mensch aufgefasst wird, dessen Perspektive wahrzunehmen ist und sich insbesondere im späteren Leben auswirkt, und andererseits dadurch, dass den Frauen ein Einfluss auf das Leben bzw. Sterben des Embryos eingeräumt wird.

Für den Umgang mit diesem Wissen unter Nichtfachleuten spielt es dabei kaum eine Rolle, dass die zugrunde liegenden Konzepte davon ausgehen, der hier angenommene ‚Einfluss' der Frauen sei unbewusst, also von einer Verantwortlichkeit der Frauen streng genommen keine Rede sein dürfte. Uns ist selbstverständlich geworden, dass der Körper weitgehend kontrollierbar ist. Die Schwangerenvorsorge ist ein Spiegel dieser Überzeugung. Soweit es nicht die Medizin ist, sehen wir uns selbst als die Instanz an, der diese Körperkontrolle zukommt. So scheint die Vorstellung, dass etwa die weibliche Fähigkeit, Kinder zu erzeugen, nicht dem Willen und der Planung unterworfen ist, schwer hinzunehmen. Nebenbei bemerkt habe ich mit einer Frau gesprochen, die es für möglich hielt, dass sie einen Abgang willentlich herbeigeführt habe. Ein solches ‚Wissen', beziehungsweise ein solches Konzept kann aber keinen Eingang in den öffentlichen Diskurs finden.

Betrachtet man die Rolle psychologischer Konzepte in dieser Konstellation, fällt zudem auf, dass in der Rezeption der Pränatalpsychologie Ideen aus der Volksmedizin wieder auftreten wie der böse Blick oder das ‚Versehen' oder auch die Vorstellung von einer Verbindung von Leiden und Schuld, die die Biomedizin zuvor unter ‚Aberglaube' rubriziert, verworfen und deren Fortleben sie aus dem Blick verloren hat. Das bedeutet, dass die Pränatalpsychologie nicht allein für den Umgang mit den frühen Abgängen ‚verantwortlich' ist, insofern ihre Rezeption zum Teil lediglich

---

28 Ausführungen über die Macht, die „Biomacht", der nachaufklärerischen Institutionen Foucault, Michel 1993, Leben machen und sterben lassen.

die neue Gestalt älterer Konzepte ist.²⁹ Obwohl die Pränatalpsychologie sich ausgiebig bei ethnographischen und historischen Daten bedient, bleiben die sozialen Bedingungen, die das ‚Umfeld' der von ihr herangezogenen Daten bilden, im Schatten der „Wirklichkeit". Das Medizinsystem, in das die Pränatalpsychologie eingebettet ist, blendet die sozialen Bedingungen und die historische Genese seiner Konzepte aus und absorbiert damit die Versuche, genuin soziale Prozesse zu reflektieren. Damit entgeht ihm der Produktcharakter, den sein eigener Gegenstand zumindest aspektweise hat. Insbesondere wird die werdende Mutter weitgehend quasi als freischwebendes Individuum außerhalb ihres sozialen Umfeldes betrachtet. Das ist, vermute ich, letztlich der Grund für das Tabu der frühen Abgänge: Damit kann das Konglomerat aus latenten volksmedizinischen Einflüssen, pränatalpsychologischen Konzepten und biomedizinischen Annahmen seine Wirkung entfalten.

Die Leidtragenden dieser Konstellation sind die Frauen. Sie besetzen die Stelle, an der die Verwerfungen des Systems des öffentlichen Wissens seine Widersprüche hervor treiben und sie bleiben mit ihren Schuldgefühlen und ihrer Trauer allein.

Die Bedeutung des Sozialen

Während der Vergleich mit den Iatmul belegt, wie ethnographische Daten soziale Sachverhalte für ein vertieftes Verständnis unserer eigenen Gesellschaft nutzbar gemacht werden könnten, zeigt dieses zweite Argument, dass der Verzicht auf die Auseinandersetzung mit dem sozialen Moment medizinischer Phänomene unnötige Probleme für die werdenden Mütter aufwirft und illustriert damit, wie umgekehrt die fehlende Reflexion des Sozialen wichtige Einsichten verbaut.

---

29 Die Medizinhistorikerin Maya Borkowsky macht darauf aufmerksam, dass die Pränatalpsychologie damit den Realitätsgehalt einiger Aspekte solcher Vorstellungen nachgewiesen hat, weist aber auch darauf hin, dass in „den allgemeinverständlichen Fassungen dieser Theorien und nicht selten auch in wissenschaftlichen Werken [...] die Mutter eine sehr schwere Verantwortung gegenüber dem Kind" trägt. S. 57.

Im Umfeld der Geburt stehen wir vor dem paradoxen Phänomen, dass zwar sozialwissenschaftlich gewonnene Daten über fremde Gesellschaften, aber auch über unsere eigene Geschichte, eine wichtige Rolle spielen, dass aber das soziale Moment dieses Vergleichs unterschlagen wird. Dadurch wird der Blick auf die gesellschaftlichen Bedingungen der Mutterwerdung verstellt und die gesellschaftliche Produktion von Sachverhalten wie den ‚Tod' eines ‚Kindes' bei Abgängen in der frühen Schwangerschaft mit all ihren moralischen Implikationen unreflektiert gestützt. Wenn die interdisziplinäre Forschung zu Schwangerschaft, Geburt und Wochenbett den Erkenntnisgewinn, denn sie in den letzten Jahren erreicht hat, nicht wieder verspielen will, indem sie ihre eigenen Bedingungen übersieht, muss sie sich verstärkt dem gesellschaftlichen Umfeld der Frauen zuwenden.

Der epistemischen Verkürzung des Feldes entspricht eine Vernachlässigung all dessen, was nicht unmittelbar dazu beiträgt, dass Kind gesund zur Welt zu bringen und seine körperliche Entwicklung zu fördern. Das Gesundheitssystem und die im engeren Sinne staatlichen Institutionen bieten weder Unterstützung bei der sozialen Integration junger Mütter noch eine nennenswerte Betreuung für Säuglinge oder Kleinkinder.[30] Wie sehr diese Aufgaben als Privatangelegenheit angesehen werden, wird daran deutlich, dass es in der Bundesrepublik nicht einmal einen anerkannten Ausbildungsberuf der Kinderpflegerin bzw. des Kinderpflegers gibt.

Sozialwissenschaftliche Forschung könnte hier die Möglichkeit eröffnen, den Zusammenhang zwischen Ereignissen wie Geburten und gesellschaftlichen Entwicklungen in den Blick zu bekommen. Ein entscheidender Schritt würde meines Erachtens darin bestehen, die Perspektive von Frauen ernst zu nehmen. Angesichts der Sorge um die demographische

---

30 Historisch ist diese Delegation von Aufgaben der Erziehung und Pflege in der Bundesrepublik ein Produkt der Abgrenzung sowohl vom politischen System der DDR als auch von der staatlichen Bevormundung durch den Faschismus Moeller, Robert G. 1997. Geschützte Mütter. Frauen und Familien in der westdeutschen Nachkriegspolitik. Hoecklin, Lisa, op.cit. Sie legt hier eine erste historische Rekonstruktion der spezifisch deutschen Aspekte der Mutterschaft vor. S. 78 -80. Landweer, Hilge 1989. Das normative Verhaltensmuster >Mutterliebe<.

Entwicklung in der Bundesrepublik scheint das Wohlergehen der Frauen in der gegenwärtigen Diskussion nur noch von abgeleitetem Interesse zu sein: Wir müssen dafür sorgen, dass es Frauen gut geht, damit sie bereit sind, mehr Kinder auf die Welt zu bringen, die dann unser Rentensystem heilen. Die Tatsache, dass Mütter anders als Frauen ohne Kind im Haushalt fast durchweg mehr arbeiten müssen und dass die Rente sie, wenn sie zugunsten des Kindes auf eine Karriere im Beruf verzichten, spürbar benachteiligt, wird in der Öffentlichkeit wenn überhaupt nur noch als Variable der Bevölkerungsentwicklung wahrgenommen.

Die Wirkung der Debatte um die demographische Entwicklung scheint sogar die Reetablierung des traditionellen bürgerlichen Familienbildes zu sein. Ein Indiz dafür ist, dass etwa die Abschaffung des Ehegattensplittings aus dem Fokus der politischen Diskussion verschwunden ist, während etwa in Baden-Württemberg seit Neuerem die Möglichkeit eines dritten Erziehungsjahres gewährt wird.

Dabei ist noch nicht einmal klar, ob die Auseinandersetzung mit dem Thema Demographie oder etwa die Forderung nach einer Verlängerung der Lebensarbeitszeit nicht eine Scheindebatte ist. Angesichts von weit über vier Millionen Arbeitslosen müssen wir uns fragen, ob nicht das Absinken der arbeitsfähigen Bevölkerung durch die Steigerung der Produktivität bei weitem kompensiert wird. Die Menge an Arbeit wird eher weniger. Obwohl die Bevölkerung im erwerbsfähigen Alter kleiner wird, steigt die Arbeitslosigkeit bereits seit einigen Jahren wieder an. Die Überlastung der Sozialen Sicherungssysteme könnte entsprechend eher damit etwas zu tun haben, dass der gestiegenen Produktivität der Arbeitskraft keine höhere Rentabilität der Arbeit gegenübersteht: Der Verlust von Arbeitsplätzen durch Rationalisierung bedeutet ja keineswegs, dass die Löhne der verbliebenen Arbeitnehmerinnen und Arbeitnehmer steigen. Von diesen Löhnen wird aber das Sozialsystem finanziert.

Solche Fragen liegen indessen außerhalb des Fokus dieses Aufsatzes.

Bibliographie

Bächtold-Stäubli, Hanns und Eduard Hoffmann-Krayer 1977[1927]. *Handwörterbuch des deutschen Aberglaubens* Unveränderter photomechanischer Nachdruck. Berlin/New York

Baudrillard, Jean 1991. Der symbolische Tausch und der Tod. München

Beck-Gernsheim, Elisabeth 1989a.*Vom Geburtenrückgang zur Neuen Mütterlichkeit?* Über private und politische Interessen am Kind. Frankfurt, Main 1989b.

ders.: *Mutterwerden - der Sprung in ein anderes Leben?* Frankfurt, Main

ders.: 1990, *Das halbierte Leben: Männerwelt Beruf, Frauenwelt Familie.* Frankfurt, Main.

ders.: 1994. Gesundheit und Verantwortung im Zeitalter der Gentechnologie In Beck, Ulrich und Elisabeth Beck-Gernsheim (Hg.) 1994. Riskante Freiheiten. Individualisierung in modernen Gesellschaften. Frankfurt, Main

Bergmann, Anna 1998. *Die verhütete Sexualität.* Die medizinische Bemächtigung des Lebens. Berlin

Besch-Cornelius, Julia 1987. *Psychoanalyse und Mutterschaft.* Gedanken zum Problem der Analytikerin/Mutter und der Mutter als Analytikerin. Göttingen.

Borkowsky, Maya 1988. *Medizinhistorische Betrachtungen zu Schwangerschaft – Geburt, Wochenbett und Stillzeit. Gesundheit oder Krankheit?* In: Gerda Kroeber-Wolf (Hg.) 1988: Der Weg ins Leben. Mutter und Kind im Kulturvergleich. interim (8) Frankfurt, Main: 41-57

Cecil, Rosanne 1996. *An Insignifiant Event?* Literary and Anthroplogical Perspectives on Pregnancy Loss. Manchester

Chesler, Phyllis 1980. *Die Geschichte einer Schwangerschaft.* Reinbek

Davis-Floyd, Robby 1991. Birth as an American Rite of Passage. Massachusetts

Dreyfus, Hubert und Paul Rabinow 1987. *Michel Foucault: Jenseits von Strukturalismus und Hermeneutik.* Frankfurt, Main

Duden, Barbara 1991. *Der Frauenleib als öffentlicher Ort.* Vom Missbrauch des Begriffs Leben. Hamburg

Dudenhausen, Joachim Wolfram und Willibald Pschyrembel 1994. *Praktische Geburtshilfe.* Mit geburtshilflichen Operationen. 18. Auflage. Berlin/New York

Foucault, Michel 1993. *Leben machen und sterben lassen.* Zur Genealogie des Rassismus. Lettre Internationale (20): 62-67

Geibel-Neuberger, Ulrich 1990. *Der Entwicklungsprozess der „frühen Elternschaft" aus ethnomedizinischer Sicht.* Heidelberg, Universität, Dissertation

Gloger-Tippelt, Gabriele 1988. *Schwangerschaft und erste Geburt.* Psychologische Veränderungen der Eltern. Stuttgart/Berlin/Köln

Hermann, Elfriede 1995. *Emotionen und Historizität.* Der emotionale Diskurs über die Yali-Bewegung in einer Dorfgemeinschaft der Ngaing, Papua New Guinea. Berlin

Hilger, Marie Luise 1994. *Arbeitsrecht - Frauenarbeitsschutz.* Sammlung arbeitsrechtlicher Gesetze und Verordnungen. Heidelberg

Hoecklin, Lisa 2002. *Mutterschaft im Vaterland.* In Hauschild, Thomas & Bernd-Jürgen Warneken (Hg.) 2002. *Inspecting Germany.* Internationale Deutschland-Ethnographie der Gegenwart. 74 – 88.

Holmqvist, Tove 2000. *„The Hospital is a Uterus": Western discourses of Childbirth in late modernity - a Case Study from Northern Italy.* Stockholm

James, Wendy 2000. *Placing the Unborn: on the social recognition of new Life.* In Anthropology and Medicine (7): 169-190

Janus, Ludwig 2003. *Pränatalpsychologie: Wie entsteht Persönlichkeit im Laufe der Schwangerschaft?* Vgl. Beitrag in diesem Band

Kempf, Wolfgang 1996. *Das Innere des Äußeren.* Ritual, Macht und historische Praxis bei den Ngaing. Berlin

Klassen, Pamela 2001. *Blessed Events.* Religion and Home Birth in America. Princeton

Landweer, Hilge 1989. *Das normative Verhaltensmuster >Mutterliebe<.* In Interdisziplinäre Forschungsgruppe Frauenforschung (Hg.) 1989. La Mamma! Beiträge zur sozialen Institution Mutterschaft Köln

Lutkehaus, Nancy & Paul B. Roscoe (Hg.) 1998. Gender Rituals: Female Initiation in Melanesia. London

Mändle, Christine, Opitz-Kreuther, Sonja & Andrea Wehling. (Hg.) 1997. *Das Hebammenbuch.* Lehrbuch der praktischen Geburtshilfe. Stuttgart/New York

Malinowski, Bronislaw 1979 [1932]. *Das Geschlechtsleben der Wilden in Nordwest-Melanesien.* Liebe, Ehe und Familienleben bei den Eingeborenen der Trobriand-Inseln, Britisch-Neuguinea. Frankfurt, Main

Moeller, Robert G. 1997. *Geschützte Mütter.* Frauen und Familien in der westdeutschen Nachkriegspolitik. München

Nadig, Maya 1998. *Körperhaftigkeit, Erfahrung und Ritual.* Geburtsrituale im interkulturellen Vergleich. In Hauser-Schäublin, Brigitta und Birgit Röttger-Rössler 1998 (Hg.). Differenz und Geschlecht. Neue Ansätze in der ethnologischen Forschung. Berlin: 23-54

Noelle-Neumann, Elisabeth et al. (Hg.) 1997. *Allensbacher Jahrbuch für Demoskopie 1993 -1997.* München

Notz, Gisela 1991a. *„Du bist als Frau um einiges mehr gebunden als der Mann."* Die Auswirkungen der Geburt des ersten Kindes auf die Lebens- und Arbeitsplanung von Müttern und Vätern. Bonn

dies.: 1991b. *Auf der Suche nach den neuen Vätern.* Ausflüge von Männern in Frauenräume. Frankfurt, Main

Rohlfs, Horst-Hennek und Ursel Schäfer 1997. *Jahrbuch der Bundesrepublik Deutschland 1997.* München

Schiewe, Kirsten 1994. *German Pension Insurance, Gendered Times and Stratifications.* In Sainsbury, Diane (Hg.) 1994. Gendering Welfare States. London: 132-149.

Schmidt-Matthiesen, Heinrich und Hermann Hepp 1998. Gynäkologie und Geburtshilfe. Stuttgart/New York

Stanek, Milan 1983. *Sozialordnung und Mythik in Palimbei.* Bausteine zur ganzheitlichen Beschreibung einer Dorfgemeinschaft der Iatmul, East Sepik Prov. Basel

Statistisches Bundesamt 2002. *Statistisches Jahrbuch 2001 für die Bundesrepublik Deutschland.* Wiesbaden

Weiss, Florence 1988. *Mutterschaft und frühe Kindheit bei den Iatmul in Papua Neuguinea.* In Kroeber-Wolf, Gerda (Hg.) 1988. Der Weg ins Leben. Mutter und Kind im Kulturvergleich. interim (8): 77-87.

Wimmer-Puchinger, Beate 1991. *Schwangerschaft als Krise*. Psychosoziale Bedingungen von Schwangerschaftskomplikationen. Heidelberg.

Ratgeberliteratur

Jackson, Deborah 1999. *Das geheime Wissen der Mütter*. München

Kitzinger, Sheila 1990. *Schwangerschaft und Geburt*. Das umfassende Handbuch für junge Eltern. München

Kuntner, Lieselotte und Manfred Albrecht 1997. *In Wellen zur Welt*. Das traditionelle Wissen über Schwangerschaft und Geburt. Küttingen

Largo, Remo H. 1993. *Babyjahre*. Das andere Erziehungsbuch. Die frühkindliche Entwicklung aus biologischer Sicht. Hamburg

Leboyer, Frédérick 1974. *Der sanfte Weg ins Leben*. Geburt ohne Gewalt. München

ders. 1979. *Sanfte Hände*. Die traditionelle Kunst der indischen Baby-Massage. München

Liedloff, Jean 1980. *Auf der Suche nach dem verlorenen Glück*. Gegen die Zerstörung unserer Glücksfähigkeit in der frühen Kindheit. München

Lothrop, Hannah [3]1993. *Das Stillbuch*. München

Nilsson, Lennart und Lars Hamberger [2]1990. *Ein Kind entsteht*. Eine Bilddokumentation über die Entwicklung des Lebens im Mutterleib. Übersetzt von Angelika Kutsch. München

Odent, Michel 1993. *Geburt und Stillen*. Über die Natur elementarer Erfahrungen. München

Sichtermann, Barbara 1981. *Leben mit einem Neugeborenen*. Ein Buch über das erste halbe Jahr. Frankfurt, Main

Stadelmann, Ingeborg 1999. *Die Hebammensprechstunde*. Einfühlsame und naturkundliche Begleitung zu Schwangerschaft, Geburt, Wochenbett und Stillzeit mit Heilkräutern, homöopathischen Arzneien und ätherischen Ölen. Kempten

Veränderungen der sozialen Wahrnehmung des Kindes durch die Möglichkeiten von Reproduktionsmedizin und Pränataldiagnostik

Christine von Busch-Hartwig

Die aktuelle Diskussion über Möglichkeiten und moralische Legitimität medizinischer Maßnahmen rund um Zeugung, Schwangerschaft und Geburt hat die Aufmerksamkeit einer breiten Öffentlichkeit auf die rasanten technischen Fortschritte in diesem Bereich gelenkt. Immer wieder taucht die Frage auf, welche Wirkung die vielfältigen Methoden der Gynäkologie und Reproduktionsmedizin auf unser Bild vom Kind haben. Verändert sich unsere Wahrnehmung der konkret betroffenen Kinder? Ändert sich die soziale Wahrnehmung unserer ungeborenen und geborenen Kinder allgemein? Was bedeuten die neuen Techniken für unser Bild vom zukünftigen Kind? Zur Debatte steht letztlich unser Selbstverständnis, auch unser ethisches Selbstverständnis,[1] gespiegelt in unserer Wahrnehmung des Kindes.

Als Grundlage zum Verständnis dieser Diskussion werden hier einige *technische Informationen* zu Reproduktionsmedizin und Pränataldiagnostik am Anfang stehen. Anschließend wird kurz der *zeithistorische und gesellschaftliche Rahmen* skizziert, innerhalb dessen diese Techniken entwickelt und verfeinert wurden. Dann werden mögliche *Auswirkungen der neuen Techniken auf unsere Wahrnehmung des Kindes* zur Debatte gestellt. Aspekte der sozialen Wahrnehmung finden wir einerseits im unmittelbaren Umfeld der direkt betroffenen Kinder, sprich Eltern, Familien, Bekannte, andererseits im öffentlichen Diskurs, also in den Medien und in der Fachliteratur.

---

1 Habermas, Jürgen: Die Zukunft der menschlichen Natur- Auf dem Weg zu einer liberalen Eugenik, Frankfurt 2001, S.30-32.

Was kann, wie funktioniert Reproduktionsmedizin, auch als assistierte Reproduktion oder Fortpflanzungsmedizin bezeichnet?[2]

Versuche, einen unerfüllten Kinderwunsch doch noch zu erfüllen sind vermutlich ebenso alt wie die Bemühungen, unerwünschte Schwangerschaften zu verhindern oder abzubrechen. Erst im 20. Jahrhundert wurden mit der Erforschung des weiblichen Zyklus, der Entdeckung und Synthese der Sexualhormone sowie der Verfeinerung mikrochirurgischer Techniken und der Ultraschalldiagnostik die Voraussetzungen für die moderne Reproduktionsmedizin geschaffen.

1. Die *Insemination*, also die direkte Samenübertragung in die Gebärmutter, wurde bereits 1799 von dem englischen Chirurgen John Hunter erstmals durchgeführt. Angeblich sollen sich schon im 2. Weltkrieg, vor allem aber im Koreakrieg zwischen 10.000 und 20.000 Soldaten an Verschickungen von Sperma von der Front nach Hause beteiligt haben[3].

2. Prinzipiell ähnlich, aber technisch aufwendiger ist der direkte *Transfer von Gameten* (Ei- und Samenzellen, Zygoten oder Embryonen) in den Eileiter (GIFT, ZIFT, EIFT).

3. Die *in vitro- Fertilisation* fand seit der Geburt des ersten „Retortenbabys" Louise Brown im Jahre 1978 weltweit zunehmende Verbreitung und ist mit ca. 30.000 Behandlungen im Jahr derzeit die in Deutschland am häufigsten angewandte Methode (IVF-Register 2000). Nach hormoneller Stimulation mit z.T. sehr hohen Hormondosen werden der Frau in Vollnarkose möglichst viele Follikel mit reifen Eizellen entnommen. Extrakorporal, das heißt konkret in einer Petrischale auf einem Nährmedium, werden die Eizellen mit einer (aufbereiteten) Samenprobe zusammengebracht. Maximal 3 Embryonen (EschG §1 Abs.3), bei Frauen unter 35 Jahren nur zwei Embryonen (Richtlinien der Bundesärztekammer zur Durchführung der assistierten Reproduktion von 1998) im 2-8-Zellstadium werden dann über einen Katheter

---

2 Grundlageninformationen verständlich zusammengefasst in ZEITpunkte Biomedizin, 3/2001, hier auch kleines Lexikon der Biomedizin mit zahlreichen Hinweisen auf einschlägige Informationen im Internet.

3 Bernat , E., Rechtsfragen medizinisch assistierter Zeugung, Frankfurt 1989, S.14.

in die Gebärmutterhöhle eingebracht. Die *baby-take-home*-Rate, d.h. die Rate von Lebendgeburten liegt bei etwa 15%. Die Behandlung bringt oft für die Paare erhebliche psychische Belastungen mit sich, die „Gewinnung" der Eizellen ist für die Frauen mit nicht geringen gesundheitlichen Risiken verbunden, z.b. durch das Überstimulationssyndrom mit Bildung gigantischer Eierstockzysten. In fast 25% der Fälle kommt es zu Mehrlingsschwangerschaften (IVF-Register 2000) mit Risiken für Mutter und Kinder[4], bei etwa der Hälfte der behandelten Frauen auch zu klinischen Depressionen unabhängig vom Erfolg der Behandlung[5].

Mittels einer Reihe neuer Techniken wie z.B. *ICSI* (intrazytoplasmatische Spermieninjektion), das ist die direkte Einbringung eines Spermiums in das Zytoplasma der Eizelle, kann die Schwangerschaftsrate gesteigert und Männern mit qualitativ oder quantitativ unzureichender Spermienproduktion zu einem Kind verholfen werden.

Grundsätzlich können alle diese Techniken sowohl im homologen als im heterologen System durchgeführt werden. Homolog bedeutet hier, daß Samen- und Eizelle von den Eltern stammen, bei denen das Kind auch aufwachsen soll, also biologische und soziale Elternschaft zusammenfallen. Im heterologen System hingegen stammt der Samen von einem Samenspender (anonym oder bekannt) bzw. die Eizelle von einer Spenderin. In Deutschland wird darauf hingearbeitet, heterologe Befruchtungen möglichst selten vorzunehmen wegen der damit verbundenen ethischen und juristischen Probleme. In den USA hingegen sind heterologe Elternschaften häufig und auch für homosexuelle Paare erlaubt. Globalisiert gibt es via Internet Angebote von Sperma bzw. Eizellen von Spendern mit bestimmten auf dem Markt besonders nachgefragten Merkmalen wie Intelligenz, wahrscheinlich gemacht durch akademische Leistungen- hier ist Skepsis angebracht!-, oder Schönheit, nachgewiesen durch Modeltätigkeit. Hinter einem Angebot

---

4 Lakotta , Beate, Drei sind einer zu viel, Der Spiegel 4/2002, S. 81-83.
5 Telus , Magda, Zwischen Trauma und Tabu, Dt Ärztebl 2001,98, 51/52:A, Seite 3430-3435, sowie die Diskussionsbeiträge zu dieser Arbeit in Dt Ärztebl 2002,99, 10:C , Seite 476-480.

wie dem des amerikanischen Fotografen Ron Harris, der 1999 im Internet Eizellen von Models meistbietend versteigern wollte unter dem Motto: „Kommt zur Schönheit, kommt zu Rons Engeln" steht unübersehbar ein Bild vom Kind, das durch das, was Veterinärmediziner Zucht nennen, bestimmte Qualität haben soll[6].

4. Eine für die Reproduktionsmedizin wichtige Technik ist die *Kryokonservierung*, also das Haltbarmachen von Zellen durch Einfrieren. Kryokonserviert werden überzählige befruchtete Eizellen im Vorkernstadium, das heißt nach dem Eindringen des Spermiums, aber vor der Verschmelzung. So werden die unter Narkose entnommenen Follikel für spätere Befruchtungsversuche aufgehoben, ohne daß es bereits zur Entstehung eines Embryos gekommen wäre. Ebenfalls eingefroren werden kann der Spendersamen (z.B. bis das Ergebnis des AIDS-Tests vorliegt). Unbefruchtete Eizellen lassen sich nur schwer konservieren. Prinzipiell ermöglicht die Kryokonservierung eine Schwangerschaft nach dem Tode des biologischen Vaters oder zu einem Zeitpunkt, da der Vater keine weiteren Kinder mehr wünscht, aber auch das Austragen des Embryos durch eine Leihmutter sowie die Embryonenadoption.

5. Die Kombination von extrauteriner Verfügbarkeit und fast unbegrenzter Möglichkeit zur Konservierung und Kultivierung (erstmals im November 1998 gelungen) von frühen Embryonen ist Voraussetzung für die derzeit so heftig umstrittene *Forschung an embryonalen Stammzellen* (ES). Die Zellen aus der Blastozyste, einem Embryo im 10-Zell-Stadium, sind pluripotent, können sich also zu den verschiedensten Geweben weiterentwickeln[7]. Mit der Stammzellforschung verbindet sich die Hoffnung, beliebig Zellen zum Organ- und Zellersatz züchten zu können. Umstritten ist, ob und in welchem Umfang auch Stammzellen aus Nabelschnurblut und vom Erwachsenen zur geziel-

---

6 Kock, Sabine: Designerbabies und Embryonensplitting: Umbrüche in der Reproduktionsmedizin, 1.6.2001, http://www.univie.ac.at/dieuniversitaet/2001/wissen/10000391.htm).

7 Details bei Gruss Peter, Stammzellen: Stammkapital einer neuen Medizin? MaxPlanck-Forschung 2/2001, S.66-70. Zur rechtlichen Lage: Wolfrum, Rüdiger, Stammzellen: Herausforderung für Ethik und Gesetz, MaxPlanckForschung 3/2001, S.65-67)

ten Gewebezüchtung geeignet sind. Sicher ist hingegen, daß sich mit der Stammzellforschung neben Heilserwartungen auch enorme kommerzielle Interessen verbinden. Die Kapitalbewegungen auf dem Markt für Embryonenmaterial wurden 1998 auf 30 Milliarden US Dollar geschätzt![8]

Festzuhalten bleibt, dass die Stammzellforschung zwar ohne die Techniken der Reproduktionsmedizin nicht denk- und praktizierbar wäre, jedoch nicht mehr der Fortpflanzung dient, nicht mehr der Erfüllung eines Kinderwunsches. Vielmehr zielt die Stammzellforschung langfristig auf Ergebnisse, die vornehmlich Dritten zugute kommen könnten, beispielsweise Anwärtern auf Organersatz oder Trägern chronischer Erkrankungen wie Multipler Sklerose oder Alzheimer, die von Zellersatz profitieren könnten.Für die soziale Wahrnehmung des Kindes ist relevant, daß der sog. Verbrauch von Embryonen zum Nutzen Dritter ebenso wie das Verwerfen bei der IVF anfallender „überzähliger" Embryonen uns zwingt, die Frage zu beantworten, ab wann wir das Kind als Kind betrachten[9]. Wir müssen unsere sprachliche Wahrnehmung schärfen, wenn der Embryoblast, also der Teil einer Blastozyste, der sich zum Kind weiterentwickelt, von Stammzellforschern als „innere Zellmasse" apostrophiert wird,[10] wenn deskriptive Aussagen wie „Zellhaufen" wertende Elemente einschließen.

6. ermöglicht die extrauterine Verfügbarkeit die *Präimplantationsdiagnostik* (PID), also eine genetische Testung und Embryonenselektion vor dem Transfer in die Gebärmutter. Die pränatale Gendiagnostik erlaubt es festzustellen, ob ein Embryo z.B. Träger einer autosomal re-

---

8 Kock, Sabine, wie Anm.
9 Zwei der zahlreichen interessanten Diskussionsbeiträge hierzu: Fischer, Johannes, Wann «etwas» zu «jemandem» wird- Zum Status überzähliger Embryonen, NZZ, Internationale Ausgabe, 10./11.8.2002, S.53, und Seelmann, Kurt, Ethik der Verrechnung- Eine rechtsethische Kritik am Embryonenforschungsgesetz, ebenda, S.54. Umfangreiches Diskussionsmaterial aus der öffentlichen Debatte in Zeitdokument 1/2002.
10 Bartmann, P: Was Forscher können, was sie dürfen, Dtsch Ärztebl 98,25, 2001, S.1331-2.

zessiven oder einer geschlechtsgebundenen erblichen Krankheit ist. So kann Eltern, die Träger einer mit hoher Wahrscheinlichkeit vererbbaren Krankheit sind, zu einem Kind verholfen werden, das diese Krankheit nicht hat, indem betroffene Embryonen verworfen werden. Theoretisch können aber auch alle anderen gendiagnostisch feststellbaren Merkmale an einem Embryo in der Petrischale festgestellt werden. Wir sind hier an der Schnittstelle zwischen Reproduktionsmedizin und Pränataldiagnostik angelangt, insofern als die PID nur im Rahmen einer IVF durchführbar ist.[11]

7. Nicht nur genetische Diagnostik, sondern in Zukunft auch genetische Therapie am Embryo ist machbar, bislang wird die sog. *Keimbahntherapie*, aber nur bei Tieren durchgeführt. Die Veränderungen im Erbgut, die an den Eizellen, Samenzellen oder der Zygote durchgeführt werden, vererben sich auf die Nachkommen. Zwar geriet diese Technik in den vergangenen Monaten aus dem Focus des Publikumsinteresses, aber sie birgt ungeheure Möglichkeiten der genetischen Veränderung zukünftiger Menschen bis hin zur Veränderung des Genpools und der Menschenzüchtung.

8. *Klonen*: Grundsätzlich geht es beim Klonen um das Hervorbringen genetisch identischer Zellverbände oder Individuen. Bekanntlich sind natürlich vorkommende Klone eineiige Mehrlinge. Technisch bewerkstelligen läßt sich das Klonen auf zweierlei Arten: Erstens nach dem Dolly- Prinzip, d.h. durch Einschleusen eines Zellkerns aus einer erwachsenen Körperzelle in das Zytoplasma einer Eizelle. Teilt sich die so entstandene Zelle, kann sie zu einem Individuum heranwachsen, das genetisch identisch ist mit dem Erwachsenen, aus dessen Zelle der Zellkern stammte. Versucht wird zweitens, allerdings bislang ohne großen Erfolg, eine unbefruchtete Eizelle zu veranlassen, sich zu teilen. Das wäre eine Parthenogenese, also Jungfrauengeburt im klassischen Sinne. Embryonale Stammzellen aus einem Klon sind totipo-

---

11 Einen guten Überblick über den aktuellen Stand der Diskussion bietet Kollek, Regine, Präimplantationsdiagnostik- Embryonenselektion, weibliche Autonomie und Recht, Ethik in den Wissenschaften 11, Tübingen, 2. Aufl. 2002.

tent und wären zur Züchtung von Zellersatz und Organersatz insofern optimal für den Empfänger, als aufgrund der genetischen Identität nicht mit Abstoßungsreaktionen zu rechnen ist. Die Hoffnungen, die an diese Technik geknüpft werden, kommen in dem Terminus „therapeutisches Klonen" zum Ausdruck, als wären sie bereits realisiert. Das therapeutische Klonen wird feinsinnig vom reproduktiven Klonen unterschieden. De facto besteht der Unterschied darin, daß der zu reproduktiven Zwecken hergestellte Klon auch tatsächlich in die Gebärmutter implantiert wird. Zum Jahresende 2001 wurde in der Presse die Herstellung eines Klonembryos zum Zweck der Stammzellgewinnung gemeldet (Tagespresse vom 26.11.2001), eine Implantation aber kategorisch ausgeschlossen. Exakt ein Jahr später geht die Ankündigung der unmittelbar bevorstehenden Geburt eines von Dott. Antinori geklonten Babys durch alle Tageszeitungen (27.11.2002).

Grundsätzlich ist es möglich, auch speziesübergreifend zu „basteln", also in menschliche Keimzellen genetisches Material von Tieren einzuschleusen.

Im Zeitalter einer globalisierten *scientific community* kann niemand genau sagen, welche der technischen Möglichkeiten bereits realisiert oder zur Anwendungsreife gelangt sind. Als wir von den Kindern mit drei genetischen Eltern erfuhren, gingen sie schon in den Kindergarten. Reproduktionsmedizinisches Wissen ist Macht, und nicht umsonst sind biologische Utopien oft auch düstere politische Fiktionen von Unterdrückung und Würdeverlust.

Unabhängig von Art und Ort ihrer Entstehung werden heute so gut wie alle Ungeborenen *pränataler Diagnostik* unterworfen:
1. Eine große Rolle spielt hierbei die *Ultraschalldiagnostik* mit immer höher auflösenden Geräten. Drei Ultraschalluntersuchungen gehören zur Routinevorsorge während der Schwangerschaft (Mutterschaftsrichtlinien von 1995) und werden von den Kassen bezahlt. Feststellbar sind neben den allgemeinen Daten zu Wachstum und Entwicklung des Kindes auch organische Mißbildungen wie Herz- und Nierenfehlbildungen. Neuerdings hat sich weitgehend diskussionslos die Messung

der Nackenfalte in der 12.Woche etabliert, die Hinweis gibt auf eine möglicherweise vorliegende Trisomie 21.
2. kann bei der Schwangeren Blut abgenommen werden, um *Serumparameter* zu bestimmen. Zu nennen ist das alpha-Fetoprotein, das Hinweise geben kann auf das Vorliegen einer Spina bifida, oder der Triple-Test (beta-HCG, alpha-Fetoprotein, Östradiol), der allgemein Hinweis gibt auf eine statistisch erhöhte Mißbildungswahrscheinlichkeit.
3. Ist die Mutter 35 Jahre oder älter, wird ihr eine *Amniozentese* oder *Chorionzottenbiopsie* empfohlen. Bei der Amniozentese wird ab der 14. SSW Fruchtwasser punktiert und der Chromosomensatz der darin schwimmenden kindlichen Zellen untersucht. Bei der Chorionzottenbiopsie (seit Mitte der 80er Jahre), die schon in der 9.-11. Woche durchgeführt werden kann, entnimmt man Zellen des Chorions, also des Vorläufers der Plazenta. Es dauert im Regelfall 3 Wochen, bis das Ergebnis feststeht. Beide Methoden sind mit einem Risiko von 0,5-1% behaftet, eine Fehlgeburt auszulösen. Festgestellt werden kann ausschließlich das Vorliegen chromosomaler Aberrationen und anderer genetischer Auffälligkeiten.
4. Die Präimplantationsdiagnostik wurde bereits dargestellt.

So funktionieren die Techniken, um die es hier geht, aber was *bedeuten* sie für uns und unsere Kinder?

Zeithistorischer Rahmen

Um eventuelle Veränderungen der sozialen Wahrnehmung aufspüren zu können, müssen wir zunächst den zeithistorischen sozialen Kontext kennen, innerhalb dessen die eben beschriebenen Techniken entwickelt wurden. Um den Status quo kurz zu charakterisieren, sind meines Erachtens drei Schlagwörter hilfreich, die eng miteinander verflochtene Bereiche unserer sozialen Wirklichkeit beschreiben:

- Optimierung
- Medikalisierung und Technisierung
- Veränderte Familienstrukturen

Die Entwicklungen auf diesen drei Gebieten versprechen dem Menschen vermehrte Kontrolle über sein Leben, mehr Wahlfreiheit im Sinne einer reflexiven Lebensgestaltung[12] und die Verringerung existentieller Risiken.

Wie im Beitrag von Eckart mit Bezug auf Ariès dargestellt, wurden Kinder im späten Mittelalter und der frühen Neuzeit nach der eigentlichen Kleinkindphase eher als kleine Erwachsene oder doch als Durchgangsstufe zum Erwachsenenleben betrachtet. Man versorgte sie, ohne ihrer Entwicklung sehr viel Aufmerksamkeit zu schenken, die Kinder liefen, wie man heute sagen würde, so mit. Beide Eltern arbeiteten im sogenannten Großen Haus räumlich nicht von den Kindern getrennt. Mit der beginnenden Industrialisierung wurden familiärer und beruflicher Bereich zunehmend getrennt. Die Kindererziehung wurde neuerdings als vornehme Aufgabe der Mutter interpretiert, was eine autonome berufliche und persönliche Entwicklung der Mütter enorm erschwerte.

Mit steigendem Einfluss der Gesetze des Marktes wurde die Ausbildung der Nachkommen immer wichtiger[13]. Der Fortschrittsgedanke, angewandt auf die Kinder, legte eine *Optimierung* des Nachwuchses durch optimale Förderung und Erziehung nahe. Diese wiederum hat eine Begrenzung der Kinderzahl zur Voraussetzung, Qualität statt Quantität. In der Tat sanken schon Ende des 18., Anfang des 19. Jahrhunderts die Geburtenzahlen deutlich lange vor dem Siegeszug der Pille Anfang der 60er Jahre. Durch die zuverlässige Geburtenkontrolle mit der Pille wurden Kinder zum planbaren Element des Lebensentwurfs. Die Verwirklichung des Kinderwunsches wurde zugunsten einer qualifizierten Ausbildung der Frau *und* des Mannes auf spätere Lebensphasen verschoben. Frauen erle-

---

12 Haker, Hille, Wahlverwandtschaften - Liebe, Sexualität und Fortpflanzung im Zeitalter der Reproduktionsmedizin, in: Holderegger, Adrian; Wils, Jean-Pierre (Hg.): Interdisziplinäre Ethik, Fribourg 2001, 213 ff.
13 Beck-Gernsheim, Elisabeth, Die Kinderfrage- Frauen zwischen Kinderwunsch und Unabhängigkeit, München 3. Aufl. erw. und durchg., S.28.

ben Kinder also schon lange im Spannungsfeld zwischen Sinnerfüllung und Karrierehindernis.

Auf gesamtgesellschaftlicher Ebene konkretisierte sich der Wunsch nach Optimierung in Europa und den USA um und nach der Jahrhundertwende vielfach auch in eugenischen Theorien und häufig auch in einer entsprechenden Praxis.

Die *Medikalisierung* der Fortpflanzung begann mit der Medikalisierung von Schwangerschaft und Geburt seit Beginn des 19. Jahrhunderts, als sich die Medizin der Schwangeren in doppelter Weise anzunehmen bzw. zu bemächtigen begann, nämlich einerseits durch anatomische Forschung und andererseits durch von Ärzten geleistete Geburtshilfe[14]. Die Embryologie erforschte die Entwicklung des Ungeborenen. Durch hormonale Kontrazeptiva wurde es in den 60er Jahren möglich, sich wirksam gegen Kinder zu entscheiden. Empfängnisverhütung erlaubt Sex ohne Fortpflanzung, Reproduktionsmedizin hingegen Fortpflanzung ohne Sex.

Änderungen in der sozialen Wahrnehmung des Kindes sind also nicht nur Folge, sondern zunächst einmal auch Vorbedingung für die Entwicklung und Verbreitung reproduktionsmedizinischer und pränataldiagnostischer Techniken. Diese sind zumindest teilweise auch Antworten auf gesellschaftlich relevante Einstellungen zum Kind, die eine Nachfrage nach reproduktionsmedizinischen Angeboten getriggert haben. Um nur ein Beispiel zu nennen: Die Verschiebung des Kinderwunsches auf Phasen reduzierter Fruchtbarkeit führt manches Ehepaar in die Kinderwunschsprechstunde[15].

Wie wird unser Bild vom Kind nun durch die neuen Techniken verändert?

Ich knüpfe an die drei Schlagworte an, zunächst zum Thema *Medikalisierung*:

Der Trend zur Medikalisierung der Schwangerschaft hat sich mit der allgemeinen Verbreitung pränataldiagnostischer Untersuchungen offen-

---

14 Metz-Becker, M., Der verwaltete Körper- Die Medikalisierung schwangerer Frauen in den Gebärhäusern des frühen 19. Jahrhunderts, Frankfurt/New York, 1997.
15 Blech, Jörg; Lakotta, Beate; Noack, Hans-Joachim, Babys auf Rezept, Der Spiegel 4/2002, S.70-80.

kundig verstärkt. Obwohl jeder Medizinstudent lernt, Schwangerschaft sei keine Krankheit, wird jede werdende Mutter mit Ausstellung des Mutterpasses, in dem die Untersuchungsergebnisse dokumentiert sind, zur Patientin. Auch das Ungeborene wird zum Objekt intensiver medizinischer Betreuung. Vorsorge dient der quantitativen Analyse von Entwicklungsparametern und der frühzeitigen Feststellung von Krankheit. Am beruhigendsten sind die Ergebnisse der Pränataldiagnostik, solange sie der statistischen Norm entsprechen. Die Eltern, insbesondere aber die Mutter nimmt das Ungeborene einerseits wie seit Menschengedenken durch Kindsbewegungen und die mannigfaltigen Veränderungen ihres eigenen Körpers wahr, andererseits erhält sie tabellarischen Aufschluß über die quantitativen Entwicklungsfortschritte ihres Babys. Dahinter steht ein stark biologistisch geprägtes Bild des Kindes, im Falle der Chromosomendiagnostik sogar rein auf genetische Aspekte reduziert. Die Frage: „Sind wir unsere Gene?" wird in diesem Fall mit Ja beantwortet. Werden nun Abweichungen von der Norm festgestellt, löst diese Mitteilung bei den Eltern auf jeden Fall Beunruhigung bis hin zu massiver Zukunftsangst aus. Im Extremfall kann im Augenblick der Diagnosestellung beispielsweise einer Chromosomenanomalie schlagartig aus dem erwünschten ein unerwünschtes Kind werden[16], das zukünftige Baby zum Gegenstand einer Abtreibung werden. Radikaler kann sich die Wahrnehmung eines ungeborenen Kindes wohl kaum ändern.

Aber nicht nur die Wahrnehmung des konkreten Fötus durch seine unmittelbare Umgebung ändert sich. Ändern kann sich durchaus auch die Wahrnehmung bereits geborener und zukünftiger behinderter Kinder. Auf diese Gefahr wird immer wieder durch Behinderte und deren Vertreter hingewiesen. Wenn Eltern behinderter Kinder gefragt werden, ob „das" denn noch hätte sein müssen, so steckt dahinter die Überzeugung, daß heutzutage doch jedem die Segnungen der Pränataldiagnostik zur Verfügung stehen und die Eltern damit auch die Verpflichtung haben, diese Möglichkeiten zu nutzen. Von der Idee vom Recht auf ein gesundes Kind

---

16 Katz Rothman, Barbara, Schwangerschaft auf Abruf- Vorgeburtliche Diagnose und die Zukunft der Mutterschaft, Marburg 1989.

bis zur Pflicht, möglichst nur gesunde Kinder zur Welt zu bringen, ist es nicht weit.[17] 1998 erschien in den USA eine Studie, die die Kosten des pränatalen Routineultraschalls aufrechnete gegen die Einsparungen, die durch weniger geborene Kinder mit Fehlbildungen zu erreichen wären.[18] Aber nicht nur die Wahrnehmung behinderter Kinder, sondern aller Kinder wird m.E. verändert. Wurden Kinder früher teils als Geschenk einer göttlichen Macht, teils als unvermeidlicher Bestandteil menschlicher Existenz, oft genug auch als Fluch empfunden, so müssen sie heute nicht mehr bedingungslos an- oder doch hingenommen werden. Die Fraglosigkeit, mit der Eltern ihr Kind annehmen, bestimmt aber wesentlich die Qualität der Beziehung. Heute kann bei fehlerhafter Pränataldiagnostik der durchführende Arzt haftbar gemacht werden dafür, daß ein behindertes Kind geboren wurde, das anderenfalls abgetrieben worden wäre. Hieran knüpft sich die Frage, inwieweit ein *Kind als Schaden* wahrgenommen werden darf. In Frankreich hat eine Entscheidung der Court de Cassation (Fall Perruche, 17.11.2000) Aufsehen erregt, die einem behinderten Kind Schadensersatz zusprach, da es im Fall korrekter pränataler Diagnosestellung seiner Rötelnembryopathie hätte abgetrieben werden können. Das Kind sollte gewissermaßen dafür entschädigt werden, dass man es nicht abgetrieben hatte. Aufgrund heftiger Proteste Betroffener, aber auch aus der Ärzteschaft, wurde schließlich ein Gesetz Antiperruche erlassen (in Kraft getreten 4.3.2002) und mittlerweile vom Conseil dÉtat als gültig bestätigt (6.12.2002). In der sehr emotional ausgetragenen Debatte spielte das Ar-

---

17 Arz de Falco, Andrea, Vorgeburtliche Untersuchungen: Freiheit oder Zwang? Gastvortrag 8.12.2000, Würzburg, http://www.wifak.uni-wuerzburg.de/wilan/theo/syst/thmth/praediag.htm.
18 VanDorsten , JP et al., Fetal anomaly detection by second-trimester ultrasonography in a tertiary center, Am J Obstet Gynecol 178:742-9, 1998. Zu den ethischen Problemen s. die Übersicht von Spitzer, Beatrix: Ethische Aspekte des Ultraschallscreenings in der Schwangerschaft, ÄBW 12/2000.

gument, die Wahrnehmung behinderter Menschen werde durch das ursprüngliche Gesetz negativ beeinflusst, eine prominente Rolle[19]

Ein weiterer wichtiger Aspekt der Medikalisierung der Schwangerschaft ist die Sichtbarmachung des Verborgenen, das Innere wird nach außen gekehrt.[20] Der Ultraschall erlaubt *Einblick* in die bislang verborgene Welt des Embryos im Uterus. Es ist uns heute völlig selbstverständlich, auch frühe menschliche Entwicklungsstadien „vor Augen" zu haben. Ist das nun der Beginn der Entzauberung der Schwangerschaft, wie manche meinen? Eher konfrontiert das „Babykino" die Eltern mit einer anderen Art von „Zauber":[21] Das Unsichtbare wird sichtbar- aber nur im Bild, und zwar in einem für den Laien deutungsbedürftigen, rudimentären Bild. Auf dem Bildschirm wird der Fötus zum Gegenüber, was erst nach der Geburt wirklich und erst im Laufe des ersten Lebensjahres für die Mutter erfahrbar wird.

Erkenntnisse der Embryologie und die Visualisierung des Kindes im Mutterleib können aber durchaus auch den Respekt vor dem Ungeborenen und die Beziehung der Eltern zu ihrem Kind fördern. So können durchaus Eltern Abstand von einer geplanten Abtreibung nehmen, sobald sie den Fötus im dreidimensionalen Ultraschall „lebensecht" gesehen haben. Andererseits versuchen Vertreter der verschiedensten Standpunkte über Visualisierung an das moralische Empfinden zu appellieren: Da sind computertechnisch hergestellte Klongeschwister neben amorphen Zellansammlungen und kindchenschematischen Föten zu sehen- unsere Bilder vom Kind.

Doch nicht nur durch bildgebende Verfahren, sondern auch *de facto* wurde und wird mit Hilfe des medizinisch-technischen Fortschrittes Inneres nach außen verlagert. Zunächst erlaubte es die Perinatalmedizin, das

---

19 Einzelheiten in Blanchard, Sandrine, Le Conseil d'État valide la totalité de l'article de loi anti-Perruche, und Blanchard, Sandrine; Prieur, Cecile, De l'arrêt á son abrogation: deux ans de polémique passionelle, Le Monde 8/9 décembre 2002, S.10.

20 Duden, Barbara: Der Frauenleib als öffentlicher Ort- Vom Missbrauch des Begriffs Leben, Hamburg, Zürich 1991).

21 Zu dieser Fragestellung van Dongen, Els: The rattle of genes. How medical „high-tech" may change culture , Paper for the meeting of the German Medical Anthropology Association, Göttingen Oktober 2001).

Ende der Schwangerschaft nach außen zu verlegen (Brutkasten), immer frühere Frühchen wurden extrauterin lebensfähig, derzeit liegt die Grenze etwa in der 24. Woche. Dementsprechend werden diese im Regelfall deutlich pränatalen Entwicklungsstadien eindeutig als Kinder angesehen und, wenn sie nicht überleben, als Totgeburten behandelt und beerdigt. Mittlerweile findet die würdige Bestattung auch von Fehlgeburten zunehmende Verbreitung. Auch dies entspricht einer Aufwertung des Fötus. Andererseits hat der von Behindertenvertretern erwirkte Wegfall der sog. „eugenischen" Indikation mit ihrer zeitlich begrenzten Möglichkeit einer Abtreibung dazu geführt, daß nun bei Vorliegen einer Behinderung der Fötus zeitlich unbegrenzt aufgrund der medizinischen Indikation (behindertes Kind als Gesundheitsrisiko für die Mutter) abgetrieben werden darf. Hier kommt es zu einer Abwertung des Fötus. Im Extremfall kann ein überlebensfähiges Baby durch Abtreibung, d.h. in diesem Fall durch die vorzeitig eingeleitete Geburt, auf die Welt gebracht werden (Fall des „Oldenburger Babys".)

Eine Verlagerung nach außen ist nun auch für den Anfang der Schwangerschaft möglich. Welche Konsequenzen die Verfügbarkeit früher Embryonen hat, wird dem staunenden Publikum wohl erst im Zuge der Debatte um die PID und um Eingriffe in die Keimbahn deutlich. Edwards, einer der Väter des ersten Retortenbabys hat allerdings von Anfang an deutlich gesagt, daß er mit seiner Methode eine Optimierung des menschlichen Nachwuchses zu erreichen trachtet. Auch hier geht die Tendenz zu einer Abwertung des Fötus ebenso wie bei den Spätaborten nach Amniozentese.

Reproduktionsmedizin und ihre Auswirkungen im Lichte der *Medikalisierung*

Wurden, wie ich bereits erwähnt habe, Schwangerschaft und Geburt seit Beginn des 19. Jahrhunderts zunehmend eine Domäne der ärztlichen Kunst und ihrer Fehler, ist mit der Reproduktionsmedizin die Zeugung technisch zu bewerkstelligen. Die Paare mit Kinderwunsch werden zu

Patienten, die reproduktionsmedizinischen Angebote als medizinische Therapie ungewollter Kinderlosigkeit zu einer Kassenleistung. Mit der Formulierung vom „Recht auf ein Kind" wird das Kind als einklagbarer Bestandteil elterlicher Lebensgestaltung betrachtet.

Die Entstehung eines Kindes durch IVF wird allerdings trotz der breiten Diskussion in den Medien von den betroffenen Eltern ähnlich geheimgehalten wie einstmals eine Adoption. Die Betroffenen beklagen eine starke Tabuisierung künstlicher Befruchtung, die Eltern haben Angst, sich zu „outen".[22] Dahinter steht u.a. die Befürchtung, die „Künstlichkeit" der Entstehung der Kinder sei ein diskriminierendes Merkmal. Der allgemeine Sprachgebrauch entlarvt diese Sichtweise: Natürlich entstehen die sog. Retortenbabys mitnichten in einer Retorte, also einem bauchigen Glasgefäß wie aus Fausts Studierstube, sondern in einer Petrischale. Man muß nicht sonderlich spekulativ veranlagt sein, um bei Retorte an Geist aus der Flasche und alchimistische Darstellungen des Homunculus zu denken. Solche Bilder wollen die Eltern ihren Kindern verständlicherweise ersparen.

Besonders radikal wird unser Bild vom Kind durch das Klonen beeinflußt, und nicht umsonst ist das reproduktive Klonen in fast allen Ländern der Erde verboten. Durch das Klonen wird einerseits die Einzigartigkeit des Individuums aufgehoben, andererseits ist die Herstellung eines Kindes nicht nur nach Wunsch, sondern nach dem eigenen Bilde Narzissmus pur. Klonierung ist auch als Versuch deutbar, den Klon zur Überwindung der eigenen Sterblichkeit zu instrumentalisieren.

Wie wird nun der Trend zur *Optimierung* in der Pränataldiagnostik und der PID wirksam?

Beide Methoden werden zunächst dazu eingesetzt, um Kinder *ohne* bestimmte schwere Erkrankungen zur Welt kommen zu lassen. Allerdings ist es von dem Bemühen um Nichtvorhandensein eines unerwünschten Merkmals bis zum Wunsch nach einem Kind *mit* bestimmten Merkmalen,

---

22 Janz, Lothar, Patientenselbsthilfeorganisation „Wunschkind", in Krebs, Dieter; van der Ven, Hans, Aktuelle Reproduktionsmedizin, Gegenwart und Zukunft bei der IVF und ICSI, Stuttgart 1999, S.89-93.

also von der negativen zur positiven Eugenik, nicht weit. Mehrfach haben Eltern schwer erkrankter Kinder versucht, durch Embryonenauswahl ein genetisch kompatibles Geschwisterkind als Organ- oder Knochenmarksspender zu bekommen.[23] In England zogen allerdings auch Eltern vor Gericht, die 4 Söhne und eine Tochter hatten, letztere starb. Die Eltern wollten ein weiteres Kind *in vitro* zeugen und nur einen weiblichen Embryo implantieren lassen mit dem Argument, sie bräuchten keinen weiteren Sohn, sondern Ersatz für die verlorene Tochter. Noch einen Schritt weiter gehen die amerikanischen Beschwerdeführer vor Gericht, deren Kind aufgrund einer vertauschten Samenprobe die falsche Haarfarbe, nämlich nicht die des sozialen Vaters hatte. Hier kann man deutlich erkennen, wie die schiefe Ebene funktioniert.

Forschung an Keimbahntherapie durch „*genetic engineering*" (technisierte Fachsprache!) einerseits und „Zuchtwahl" im heterologen System andererseits zielen auf Kinder mit erwünschten Merkmalen. Der Begriff des Designs, ursprünglich Gegenständen vorbehalten, wird beim Designerbaby für den gut entworfenen und geplanten Menschen verwendet. Das Kind wird nicht mehr als Geschenk, Gabe, Aufgabe gesehen und mehr oder weniger fraglos an- oder doch wenigstens hingenommen. Optimierung und Disziplinierung greifen von Anfang an und im Falle der Keimbahntherapie ein für alle mal. Wie Habermas ausgeführt hat,[24] verändert die irreversible Entscheidung der Eltern über die genetische Ausstattung des Kindes sowohl die Eltern-Kind-Beziehung als auch die Haltung des solchermaßen modifizierten Menschen zu sich selbst.

Kinder mit unerwünschten Merkmalen werden als unzumutbares Risiko für ihre Eltern, besonders ihre Mütter angesehen, aber auch als Belastung für die Gesellschaft. Diskutiert wird ein *Recht* auf ein gesundes Kind (z.B. durch PID) wie auch die *Pflicht* zum gesunden Kind (z.B. Abtreibung bei bekannter Mißbildung). Im Extremfall wird für die Kinder entschieden, daß sie es wohl vernünftigerweise selber vorgezogen hätten,

---

23 Supp, Barbara, Das Wunschkind, Der Spiegel 2/2002, S.100-104.
24 Habermas, s. Anm.1

nicht zur Welt zu kommen, um einem zukünftigen *wrongful life* zu entgehen.

Die Optimierung nach den Maximen sozialer Erwünschtheit geht mit *Kommerzialisierung* Hand in Hand, wenn der Gesetzgeber nicht normierend eingreift. Frauen nehmen ungeheure Torturen durch hormonelle Superstimulation und noch nicht vollständig bekannte Langzeitrisiken auf sich, um als Eizellspenderinnen zum Familieneinkommen beizutragen. Der Welt erste Leihmutter Elisabeth Kane ist mittlerweile politisch extrem aktiv, um die Ausbeutung der Frau durch Leihmutterschaft zu unterbinden. Das Kind, das wir ja hier betrachten, wird durch diese Prozeduren zum Gegenstand eines Geschäfts, die Frau, die es neun Monate lang in ihrem Bauch getragen hat, gibt es für Geld weg, die Gefühle der Leihgeschwister interessieren kaum jemanden. So neu uns diese Probleme erscheinen, sind sie allerdings nicht. Beispielsweise wurden in allen Gesellschaften, in denen das Ammenwesen verbreitet war, Kinder ebenfalls während einer wesentlichen Entwicklungsphase fremdbetreut.

Die Betrachtung der Leihmutterschaft bringt uns der Frage nach der *Veränderung der Familienstrukturen* im Jahr 25 nach Louise Browns Geburt näher:

Die Leihmutterschaft ist nur ein Aspekt multipler Elternschaften.[25] Neben die immer schon vorhandenen Stief-, Adoptions- und Lebensabschnittselternschaften, die im Zeitalter hoher Scheidungs- und Trennungsraten zur Normalität vieler Kinder in Patchworkfamilien gehören, treten noch andere fragmentierte Beziehungen:
1. Biologische und soziale Elternschaft und damit natürlich auch Kindschaftsverhältnisse können theoretisch so aufgesplittet werden, daß im Extremfall ein Kind fünf Eltern haben kann, nämlich wenn das Ei einer Spenderin mit dem Sperma eines Spenders befruchtet, von einer Leihmutter ausgetragen und das Baby dann den genetisch nicht verwandten sozialen Eltern zur Aufzucht übergeben wird. Die Betonung biologischer Elternschaft im homologen System steht neben den heterologen Spenderverhältnissen, bei denen die genetische Herkunft völ-

---

25 Gross, Peter; Honer, Anne, Multiple Elternschaften, Soziale Welt 41,1990, S.97-116.

lig unbekannt bleiben kann. Was dies für die betroffenen Kinder bedeutet, interessiert die *follow-up*-Forschung noch erstaunlich wenig. Die eigene Herkunft zu kennen ist nach Ergebnissen der Adoptionsforschung jedoch wesentlich für die Ausbildung einer reifen Identität. Dieser Überzeugung ist auch die Rechtsprechung des BVG verpflichtet, das 1989 entschieden hat, daß jeder Mensch ein Anrecht darauf hat, seine eigene Herkunft zu kennen.[26]

Wo Kinder zum planbaren Element eigener Lebensgestaltung werden, wird leider oft auch von geborenen Kindern erwartet, daß sie sich problemfrei, lautlos und ohne allzuviele eigene Bedürfnisse in den Lebensstil der Eltern einfügen. Da wird von gut funktionierenden Kindern gesprochen. Nicht so gut funktionierende kann man therapieren. Das gilt genauso für die ungeplanten Kinder, die übrigens interessanterweise hierzulande immer noch in der Überzahl sind.[27]

2. Neben der Fragmentierung verwandtschaftlicher Verhältnisse kommt es im Rahmen reproduktionsmedizinischer Verfahren auch zur zeitlichen Fragmentierung von Fortpflanzungsabläufen: Durch zeitliche Trennung von Befruchtung und Implantation bis hin zur posthumen Implantation, aber auch durch die Verschiebung der Mutterschaft in Lebensphasen, in denen eine biologische Mutterschaft sonst unwahrscheinlich bzw. unmöglich ist.

3. Die räumliche Fragmentierung und das Verhältnis innen-außen wurde hier bereits behandelt.

Fazit

Es ist unübersehbar, daß sich die Möglichkeiten von Pränataldiagnostik und Reproduktionsmedizin mit ständig zunehmender Geschwindigkeit entwickeln. In einer weltanschaulich pluralistischen bis säkularisierten

---

26 BVerfG-Entscheidung vom 31.1.1989- BvL 17/87.
27 Berger, M.: Muttermacher?- Psychologische Aspekte zur Reproduktionstechnologie und zur Entwicklung der Eltern- Kind- Beziehung nach in vitro- Fertilisation, in: Schuchardt, Margret; Speck, Agnes: Mutterbilder- Ansichtssache, Heidelberg 1997, S. 93-120.

Welt versuchen wir mit Hilfe dieser Methoden, existentielle Risiken wie unerwünschte Kinderlosigkeit und schwere Erkrankungen zu bannen. Diese Entwicklung findet statt auf dem Hintergrund einer sich seit der Industrialisierung rasch wandelnden Sozial- und Familienstruktur, einer stark biologistisch geprägten Medikalisierung von Zeugung, Schwangerschaft und Geburt sowie einer hohen Priorität der Optimierung und Förderung unserer Kinder. Auf diesem Hintergrund hatte sich unser Bild vom Kind gewandelt bereits *bevor* die hier diskutierten Techniken entwickelt wurden. Der Trend zu planbaren, optimierten Kindern wurde durch die neuen Techniken fortgesetzt, beschleunigt und verstärkt. Neu ist die Möglichkeit, die Optimierung auf zukünftige Generationen auszudehnen, die Fragmentierung verwandtschaftlicher, zeitlicher und räumlicher Aspekte der Fortpflanzung sowie die Möglichkeit, die Einzigartigkeit des Individuums durch Klonen aufzuheben. Neu ist die Gefährdung der Menschenwürde als Ausdruck der Selbstzwecklichkeit des Menschen[28] durch die Embryonenforschung. Neu ist die Kommerzialisierung des gesamten Bereiches.

Paradoxerweise erzeugen alle letztlich zur Verringerung existenzieller Risiken und damit der Angst ersonnenen Techniken ihrerseits wiederum ambivalente Gefühle und Ängste. Ängste vor Kontrollverlust, weil die Betroffenen fürchten, von den Techniken und deren paternalistisch denkenden Anwendern überwältigt zu werden. Ängste des angeblich mündigen Bürgers, die Entwicklung kaum nachvollziehen und gar nicht beeinflussen zu können. Ängste vor Verlust der „Natürlichkeit", wie sie in der Tendenz zur „natürlichen Geburt" einen Ausdruck finden. Ambivalente Gefühle löst besonders die Möglichkeit des Schöpfungsimitats durch Klonen aus. Dem Menschen wird „vor seiner Gottähnlichkeit bange", und es ist noch nicht ausgemacht, ob wir uns lieber vor dem Schicksal oder vor einer *brave new world* fürchten.

---

28 Ewig, S., Abschied von der Menschenwürde? Der Grundkonsens der liberalen Gesellschaft ist durch die Forschung an embryonalen Stammzellen gefährdet, Dt Ärztebl 2001;98,Heft 49, S. 3268-3270.

Literatur

Habermas, Jürgen: Die Zukunft der menschlichen Natur- Auf dem Weg zu einer liberalen Eugenik, Frankfurt 2001, S.30-32

Grundlageninformationen verständlich zusammengefasst in ZEITpunkte Biomedizin, 3/2001, hier auch kleines Lexikon der Biomedizin mit zahlreichen Hinweisen auf einschlägige Informationen im Internet.

Bernat, E., Rechtsfragen medizinisch assistierter Zeugung, Frankfurt 1989, S.14

Lakotta, Beate, Drei sind einer zu viel, Der Spiegel 4/2002, S. 81-83

Telus, Magda, Zwischen Trauma und Tabu, Dt Ärztebl 2001,98, 51/52:A, Seite 3430-3435, sowie die Diskussionsbeiträge zu dieser Arbeit in Dt Ärztebl 2002,99, 10:C , Seite 476-480

Kock, Sabine: Designerbabies und Embryonensplitting: Umbrüche in der Reproduktionsmedizin, 1.6.2001, http://www.univie.ac.at/dieuniversitaet/2001/wissen/10000391.htm)

Details bei Gruss Peter, Stammzellen: Stammkapital einer neuen Medizin? MaxPlanckForschung 2/2001, S.66-70. Zur rechtlichen Lage: Wolfrum, Rüdiger, Stammzellen: Herausforderung für Ethik und Gesetz, MaxPlanckForschung 3/2001, S.65-67)

Kock, Sabine, wie Anm.

Zwei der zahlreichen interessanten Diskussionsbeiträge hierzu: Fischer, Johannes, Wann „etwas" zu „jemandem" wird- Zum Status überzähliger Embryonen, NZZ, Internationale Ausgabe, 10./11.8.2002, S.53, und Seelmann, Kurt, Ethik der Verrechnung- Eine rechtsethische Kritik am Embryonenforschungsgesetz, ebenda, S.54. Umfangreiches Diskussionsmaterial aus der öffentlichen Debatte in Zeitdokument 1/2002.

Bartmann, P: Was Forscher können, was sie dürfen, Dtsch Ärztebl 98,25, 2001, S.1331-2

Einen guten Überblick über den aktuellen Stand der Diskussion bietet Kollek, Regine, Präimplantationsdiagnostik- Embryonenselektion, weibliche Autonomie und Recht, Ethik in den Wissenschaften 11, Tübingen, 2. Aufl. 2002.

Haker, Hille, Wahlverwandtschaften- Liebe, Sexualität und Fortpflanzung im Zeitalter der Reproduktionsmedizin, in: Holderegger, Adrian; Wils, Jean-Pierre (Hg.): Interdisziplinäre Ethik, Fribourg 2001, 213 ff.

Beck-Gernsheim, Elisabeth, Die Kinderfrage- Frauen zwischen Kinderwunsch und Unabhängigkeit, München 3. Aufl. erw. und durchg., S.28

Metz-Becker, M., Der verwaltete Körper- Die Medikalisierung schwangerer Frauen in den Gebärhäusern des frühen 19. Jahrhunderts, Frankfurt/ New York, 1997

Blech, Jörg; Lakotta, Beate; Noack, Hans-Joachim, Babys auf Rezept, Der Spiegel 4/2002, S.70-80

Katz Rothman, Barbara, Schwangerschaft auf Abruf – Vorgeburtliche Diagnose und die Zukunft der Mutterschaft, Marburg 1989

Arz de Falco, Andrea, Vorgeburtliche Untersuchungen: Freiheit oder Zwang? Gastvortrag 8.12.2000, Würzburg, http://www.wifak.uni-wuerzburg.de/wilan/theo/syst/thmth/praediag.htm

VanDorsten, JP et al., Fetal anomaly detection by second-trimester ultrasonography in a tertiary center,Am J Obstet Gynecol 178:742-9, 1998. Zu den ethischen Problemen s. die Übersicht von Spitzer, Beatrix: Ethische Aspekte des Ultraschallscreenings in der Schwangerschaft, ÄBW 12/2000.

Einzelheiten in Blanchard, Sandrine, Le Conseil d'État valide la totalité de l'article de loi anti-Perruche, und Blanchard, Sandrine; Prieur, Cecile, De l'arrêt á son abrogation: deux ans de polémique passionelle, Le Monde 8/9 décembre 2002, S.10.

Duden, Barbara: Der Frauenleib als öffentlicher Ort – Vom Missbrauch des Begriffs Leben, Hamburg, Zürich 1991)

Zu dieser Fragestellung van Dongen, Els: The rattle of genes. How medical "high-tech" may change culture, Paper for the meeting of the German Medical Anthropology Association, Göttingen Oktober 2001)

Janz, Lothar, Patientenselbsthilfeorganisation „Wunschkind", in Krebs, Dieter; van der Ven, Hans, Aktuelle Reproduktionsmedizin, Gegenwart und Zukunft bei der IVF und ICSI, Stuttgart 1999, S.89-93

Supp, Barbara, Das Wunschkind, Der Spiegel 2/2002, S.100-104

Habermas, s. Anm.1

Gross, Peter; Honer, Anne, Multiple Elternschaften, Soziale Welt 41,1990, S.97-116

BVerfG-Entscheidung vom 31.1.1989- BvL 17/87

Berger, M.: Muttermacher?- Psychologische Aspekte zur Reproduktionstechnologie und zur Entwicklung der Eltern- Kind- Beziehung nach in vitro- Fertilisation, in: Schuchardt, Margret; Speck, Agnes: Mutterbilder- Ansichtssache, Heidelberg 1997, S. 93-120

Ewig, S., Abschied von der Menschenwürde? Der Grundkonsens der liberalen Gesellschaft ist durch die Forschung an embryonalen Stammzellen gefährdet, Dt Ärztebl 2001;98,Heft 49, S. 3268-3270

Pränatalpsychologie: Wie entsteht Persönlichkeit im Laufe der Schwangerschaft?

Ludwig Janus

Einleitung

In den letzten Jahren hat sich der Blick auf unsere Lebensgeschichte um die Erkenntnis erweitert, dass nicht nur die Erfahrungen während der Kindheit und Kleinkindheit bedeutsam sind, sondern ebenso unsere Erfahrungen in der Säuglingszeit, während der Geburt und in der vorgeburtlichen Zeit. Bisher behandelten Biographien die Angaben zur Geburt und zur frühen Lebenszeit als ganz äußere Daten, die keinen relevanten Erlebensbezug haben. In den letzten Jahren ist die Sensibilität dafür gestiegen, dass die Erfahrungen am Lebensanfang und im ersten Lebensjahr unser Lebensgefühl und unsere Lebenseinstellung prägen und beeinflussen können. Wir können heute davon ausgehen, dass die Geburt und die Bedingungen in der vorgeburtlichen Zeit auf einem affektiven Niveau erlebt werden und prägenden Charakter haben können. Viele konvergierende Einflüsse und Entwicklungen in der Gesellschaft führten zu einem grundlegenden Wandel der Anschauung: aus dem „Säugling als Reflexwesen" wurde der „kompetente Säugling", aus dem Foetus als Objekt medizinischer Untersuchungen wurde der „Fetus as Personality" und die Geburtsmechanik und die programmierte Geburt entwickelte sich zum Geburtserlebnis.

Dazu trugen die größere ökonomische und soziale Sicherheit in unseren Wohlstandsgesellschaften ebenso bei wie das Sicherer-werden von Schwangerschaft und Geburt durch den medizinischen Fortschritt. Schwangerschaft und Geburt waren nicht mehr wie in früheren Zeiten ein unkalkulierbares Risiko und Abenteuer auf Leben und Tod und die Säuglingszeit war nicht mehr mit der früher üblichen hohen Sterblichkeit von

Mutter und Kind verbunden, sondern Schwangerschaft und Geburt wurden zu durch Medizin und Geburtsvorbereitung sicher begleiteten Lebensvorgängen. Damit wuchs auch im ersten Lebensjahr die Möglichkeit für einen Beziehungsbeginn zwischen dem Kind und seinen Eltern, der nicht eingeschränkt war durch berechtigte Ängste um vitale Gefährdungen.

Auch war dadurch eine wissenschaftliche Neugier gegenüber dem Säugling, dem Neugeborenen, und dem Kind vor der Geburt möglich, die weniger durch Ängste und Bedrohung beeinträchtigt war. Zunächst wurden in den 20er Jahren des letzten Jahrhunderts die traumatischen Aspekte der Geburt entdeckt (Rank 1924) und dann Mitte des Jahrhunderts die Gefährdungsmöglichkeit in der Schwangerschaft durch Traumatisierungen (Fodor 1949). Bis dahin war die seelische Wirklichkeit der vorgeburtlichen Zeit und der Geburt hinter einem Schleier von Idealisierung und Verleugnung verborgen. Erst in den letzten Jahren beginnen Psychotherapeuten, beeinträchtigende Ereignisse während der Schwangerschaft oder der Geburt als Ursache von seelischen oder psychosomatischen Störungen ernst zu nehmen. Dadurch erweiterte sich der Blick auf die Biographie bis hin zur Zeugung und gleichzeitig auch die Möglichkeit, frühen und frühesten Unglückserfahrungen therapeutisch gerecht werden zu können und eine Verarbeitung zu ermöglichen (Janus 1997, Häsing und Janus 1999, Levend und Janus 2000, Janus 2000).

Die Erweiterung des biographischen Blicks ermöglicht die herausfordernde Fragestellung des Titels „Wie entsteht Persönlichkeit während der Schwangerschaft?" Bevor wir zu ersten Versuchen einer Antwort kommen, sind einige Angaben zur empirisch-quantitativen Beweislage wichtig.

Pränatale Entwicklungspsychobiologie

Es hat in den letzten Jahren eine verstreute, aber umfangreiche empirisch-quantitative Forschung zur Wirkung von vorgeburtlichen Einflüssen gegeben. Am umfangreichsten ist die Forschung zu den Auswirkungen von vorgeburtlichem Stress bei Tier und Mensch, die in dem Sinne eindeutig ist, dass vorgeburtlicher Disstress je nach Ausmaß mäßige oder auch erhebliche entwicklungsbeeinträchtigende Wirkung auf die weitere Entwicklung hat (Van den Bergh 2002). Diese reicht von einer größeren Krankheitsanfälligkeit über Verhaltensstörungen bis hin zu erheblichen und dauerhaften Entwicklungsbeeinträchtigungen. Charakteristisch ist eine größere Stressempfindlichkeit und Irritierbarkeit auf der psychischen und somatischen Ebene im späteren Leben. Diese Befunde finden ihre Ergänzung in den Ergebnissen der Hirnphysiologie, dass Hirnstruktur und Synapsenbildung sich entsprechend den vorgeburtlichen Entwicklungsbedingungen ausformen (Hüther 2002). Genexpression ist nicht starr, sondern erfolgt in Korrespondenz zu den Milieubedingungen (Verny 2002). Zu diesen Befunden wiederum stehen die Ergebnisse der pränatalen Lernforschung in einem Ergänzungsverhältnis, indem sie belegen, dass vorgeburtliche Erfahrungen erinnert werden können. Besonders differenziert sind hier die Ergebnisse zur vorgeburtlichen Merkfähigkeit von Sprache und Musik. Entsprechende Beispiele finden sich in den Übersichtsbüchern zur Pränatalen Psychologie (Chamberlain 1990, Janus 1997, Haibach und Janus 1997).

Durch die Frühgeburtsmedizin haben wir heute ein sehr anschauliches und lebendiges Bild von den vorgeburtlichen Kindern, die zu früh auf die Welt gekommen sind. So wie wir in den letzten Jahrzehnten zunehmend lernten, uns reflektiert in die Bedürfnisse eines Säuglings einzufühlen, lernten wir dies auch in gleicher Weise bei den frühgeborenen Kindern. Diese Einfühlung erlaubt, diesen eine stärker „menschliche" und begleitete Entwicklung zu ermöglichen (Marcovich 1995, Linderkamp 1995). Diese Einfühlungsfähigkeit gilt für die zweite Hälfte der Schwangerschaft. Fragmentarischer und zum Teil spekulativer sind Befunde und Beobachtungen zu der Wirkung von Einflüssen während der ersten Hälfte der Schwangerschaft und besonders während der ersten drei Lebensmonate, wo unsere Existenz noch ganz biologisch bestimmt zu sein scheint.

Doch hat die Entwicklung in der Biologie in den letzten Jahren uns den Tieren viel näher gerückt, indem sie die Gemeinsamkeiten betont hat. Man billigt den höheren Tieren ein ganz dem unseren vergleichbares primäres Bewusstsein zu. Aber auch der Einzeller ist ein lebendiger Organismus, der sich aktiv mit seiner Umwelt in Bezug setzt und lernfähig ist. Vieles spricht dafür, dass auch und gerade Einflüsse im ersten Schwangerschaftsdrittel von prägender Bedeutung sind, je nachdem ob der sich entwickelnde Embryo auf ein vitalisierendes, seine Existenz bejahendes Milieu oder auf ein abweisendes und verneinendes Milieu trifft. Sehr unterschiedliche Vorprägungen in Bezug auf die Frage, was vom Leben zu erwarten ist und wie man sich einrichten muss, können hiervon die Folge sein. Wir verfügen in diesem Bereich über viele Einzelbeobachtungen, die noch nicht zu einem einheitlichen Bild zusammengefügt sind.

Für unsere Frage nach den Wurzeln der Persönlichkeitsbildung sind jedoch nicht nur entwicklungspsychobiologische Befunde bedeutsam, sondern ebenso kulturpsychologische Rahmenbedingungen, die die Persönlichkeitsbildung beeinflussen und prägen.

Kulturpsychologische Rahmenbedingungen

In den letzten Jahrzehnten wächst das Gespür für die Zeitbezogenheit menschlicher Identität und Subjektivität. Disziplinen wie die historische Anthropologie und die Psychohistorie (DeMause 2000, 2002, Nyssen u. Janus 2002, Kurth u. Janus 2002)) sind ein Zeichen hierfür. Aus der pränatalpsychologischen Sicht ergibt sich hier folgende Perspektive. Wegen unserer „Frühgeburtlichkeit" müssen menschliche Eltern ihren extrem hilflosen Babys im ersten Lebensjahr eine Art Ersatzuterus in der Versorgung bereitstellen. Wir beheimaten uns und werden beheimatet durch eine Nährung, Tragung und Wärmung von vorgeburtlichem Charakter. Diese Halte- und Ergänzungsfunktion übernimmt späterhin die Familie, dann die soziale Gruppe und schließlich die Gesellschaft. Diese sozialen Einheiten lassen uns den vorgeburtlichen Kosmos in der nachgeburtlichen Welt wieder finden und geben unserer Existenz Sinn und Sicherheit über die instinktiven Vorgaben unseres Primatenerbes hinaus. So stehen kulturelle Umwelt und primäre Beheimatung in einer tiefen Wechselwirkung, wie dies Erikson in „Kindheit und Gesellschaft" (1966) erstmals am Beispiel von Indianergesellschaften zeigte, indem er die tiefen Korrespondenzen zwischen Säuglingsversorgung, Initiationsriten und Wertewelt eines Stammes beschrieb. In gleicher Weise hat Renggli (1976) diese Zusammenhänge dargestellt. Neuerdings hat Sloterdijk in seinen Sphären-Büchern (1998, 1999) auf einer philosophischen Ebene die pränatalen Wurzeln unserer gesellschaftlichen Mythologeme, Ideen und kulturellen Einrichtungen beschrieben. Besonders deutlich lässt sich die tiefe Wechselwirkung zwischen früher Erfahrung und mythischer Projektion bei den frühen Hochkulturen zeigen (Renggli 2001).

Historisch gibt es einen Entwicklungsprozess von der weitgehenden Projektion vorgeburtlicher, geburtlicher und nachgeburtlicher Gefühle in der magischen Weltanschauung zu einer allmählichen imaginativen Durcharbeitung dieser primären Gefühlsinhalte in den mythenbestimmten Kulturen. Dem folgt die zentrale Durchorganisierung der Projektion frühestkindlicher Selbstanteile in den durch Theokratie und Monotheismus bestimmten Kulturen. Die dramatische Rücknahme dieser Projektionen und die Begründung einer personalen Selbstidentität erfolgten im Zusammenhang mit der Aufklärung, der Französischen Revolution und den sich entwickelnden Demokratien (Janus 2000). Die Subjektivität eines von Magie bestimmten Menschen in einer Stammeskultur, eines Menschen in einer von mythischen Projektionen bestimmten frühen Hochkultur, eines Menschen in einer theokratisch-monotheistischen Hochkultur oder eines Menschen in einer psychologisch-technischen Kultur unterscheiden sich fundamental.

Diesem Unterschied in der Subjektivität entsprechen auch grundlegende Unterschiede im Umgang mit Schwangerschaft und Kindheit. So weit wir diese Zusammenhänge überblicken können, gibt es in der Geschichte der Kindheit und der Eltern-Kind-Beziehungen eine Dramatik der Entwicklung von einem sehr instinktgesteuerten und personal unbezogenen Ausgangszustand in den Steinzeitkulturen hin zu einer zunehmend reflektierbaren Zuwendung und Empathicfähigkeit dem Kind gegenüber, wie dies DeMause in seinem Buch „Hört ihr die Kinder weinen"(1979) im einzelnen dargestellt hat (s.a. DeMause 1999, Janus 2002).

Dies hat eine kontroverse Diskussion ausgelöst, wobei es neben anderem auch um die Klarheit der Beschreibungskategorien ging. Was heißt

Zunahme der „Empathie"? Es geht hier um eine Zunahme der reflektierbaren Empathie. Erst in der Aufklärung wurde die Pubertät als eigene Entwicklungsstufe durch Rousseau „entdeckt" und reflektiert. Erst im 19. Jahrhundert kümmert man sich mit der Entwicklung des Schulsystems in einer systematischeren Weise um die Förderung der Entwicklung der Kinder und Jugendlichen. Erst im letzten Jahrhundert wuchs im Zusammenhang mit der Entwicklung der modernen Psychotherapie die Sensibilität für die Entwicklungs- und Beziehungsbedürfnisse von sehr kleinen Kindern. Die Entwicklungs- und Bindungsbedürfnisse von Säuglingen wurden erst in den letzten Jahren in breiter Weise erforscht und erkannt. Noch bis in die 70er Jahre hinein wurden Säuglinge als „empfindungsunfähige Reflexwesen" ohne Narkose operiert. Auch dauerte es viele Jahre, bis die Beziehungs- und Entwicklungsbedürfnisse von frühgeborenen Kindern gewürdigt und berücksichtigt wurden (Marcovich 1995, Linderkamp 1995).

So schwierig hier klare Gesichtspunkte zu gewinnen sind, so sicher ist jedoch, dass in den historischen Gesellschaften die unterschiedlichen Weisen des Umgang mit Kindern gravierende Folgen für deren „Persönlichkeitsentwicklung" hatten. Wenn in der Vergangenheit das Opfern des Erstgeborenen, das Töten von Kindern, das Weggeben von Säuglingen, das Weggeben von Kindern, Kinderarbeit usw. gesellschaftliche Selbstverständlichkeiten waren, so können wir heute die Folgen für die Persönlichkeitsentwicklung in ganz anderer Weise und mit ganz anderer Sicherheit als früher einschätzen. Diese unterschiedlichen Entwicklungsbedingungen von Kindern werden in den Geschichtswissenschaften entsprechend der alten Auffassung, dass die Entwicklung des Kindes überwiegend genetisch bestimmt ist, weitgehend außer Acht gelassen. Dies führt zu gravierender und folgenreicher Auslassung von Wirklichkeitszusammenhängen, wie die Psychohistorie vielfältig zeigen kann (DeMause 2000, 2002, Janus und Kurth 2000, Kurth und Janus 2002).

Die Begriffe „Person" und „Persönlichkeit" haben erst durch die Aufklärung, die Menschenrechte und die demokratische Gesellschaftsverfassung den heutigen Sinn gewonnen. Deshalb geht es im Folgenden überwiegend um den auf unsere Zeit bezogenen Zusammenhang von Persönlichkeitsentwicklung und Schwangerschaft. Der Übersichtlichkeit halber ist es wohl sinnvoll, zunächst über die Zusammenhänge zwischen Geburt und Persönlichkeitsentwicklung zu sprechen und dann erst über die Bezüge zwischen Persönlichkeitsentwicklung und Schwangerschaft.

Geburt und Persönlichkeitsentwicklung

Erst in den 70er Jahren, als im Zusammenhang mit der Humanistischen Psychologie, der Transpersonalen Psychologie, der Primärtherapie und dem Rebirthing in größerer Zahl Beobachtungen zu den Zusammenhängen zwischen Geburt und Lebensentwicklung gemacht wurden, begann sich überhaupt diese Frage nach den Bezügen zwischen Geburt und Persönlichkeitsentwicklung zu stellen, und dies zunächst auch nur in den genannten Randbereichen der Psychologie, während dieser Frage auch heute noch in der Universitätspsychologie und der Mainstream-Psychotherapie kaum nachgegangen wird. Wie anfangs angedeutet, zog zunächst der traumatische Aspekt von Geburt und Geborenwerden die Aufmerksamkeit auf sich (Rank 1924). Es ist das Verdienst von Grof (1983), über die Auswertung von Selbsterfahrungen nach der Einnahme von LSD die Widerspiegelung des ganzen Geburtsprozesses in seinen einzelnen Phasen von Eröffnung, Austreibung und Durchtritt auf der Phantasieebene erfasst zu haben. Das integrierte Durchlaufen dieser Phasen des Geburtsprozesses begründet im Kind das Gefühl, wirklich auf der Welt zu sein. In diesem Falle wird die Geburt als ein Durchkommen, als ein Abenteuer, eine Anstrengung, eine Bewährungsprobe usw. erlebt. Kommt es zu Stockungen oder zu Unterbrechungen der Kontinuität durch Hyperstress und Schock, dann kann sich das Zur-Welt-Kommen mit Gefühlen von Angst, Aussichtslosigkeit, Panik, Schock, tiefer Verunsicherung usw. verbinden. Je nach Ausmaß der Beeinträchtigung oder einer eventuellen Traumatisierung kann es zu Verformungen im Erleben und in den Reaktionsweisen kommen (Emerson 2000). Veränderungssituationen aller Art, insbesondere auch reifungsbedingte Veränderungen wie in der Pubertät, können die verformte Geburtserfahrung aktivieren und zu mehr oder weniger großen Problemen führen.

Zwei typische Verarbeitungsformen sind die der direkten Rekapitulation – eine Belastungssituation aktualisiert direkt die Geburtsdynamik - oder die die vermeidende Rekapitulation – Vermeidungsstrategien sollen vor einer Wiederbelebung von traumatischen Geburtserfahrungen schützen (Emerson 1997). So kann sich etwa in einem Risikoverhalten eine Geburtsgefährdung direkt wiederholen oder aber es werden wegen einer Geburtsgefährdung später alle Gefahren- oder Risikosituationen vermieden.

Die spezifische Form der Geburtserfahrung, das so genannte Geburtsskript, und die besondere Art der Verarbeitung können das spätere Verhalten bestimmen. Je nach Besonderheiten der Geburt lassen sich charakteristische Folgewirkungen beschreiben, wobei ich mich in meinen Aussagen im Wesentlichen auf eigene Beobachtungen bei Patienten und bei Klienten in Selbsterfahrungsgruppen stütze:

- Kaiserschnitt: Schwierigkeiten im zielstrebigen Verhalten, Probleme mit Grenzen, Bedrohungsgefühle, Passivität, wo Aktivität gefordert würde (English 1997).
- Zangengeburt: Empfindlichkeit gegen Zwang oder Beeinflussung, heftige Abwehrreaktionen bei Fremdeinfluss.
- Saugglockengeburt: Panik- und Angstgefühle in Nähe- und Veränderungssituationen.
- Wehenmittel: Gefühle von Desorientierung und Verwirrung in Belastungssituationen.

Das Geburtsskript und seine Verarbeitungen werden besonders in Veränderungssituationen wie Adoleszenz, Examen, Heirat, Stellenwechsel, Scheidung, Partnerverlust, Lebensmitte oder Erwachsenwerden der Kinder aktualisiert. Es gibt außer dem Buch von Mandel und Ray „Birth and Relationship" (1987) noch keine systematische Literatur. Die Folgewirkung von traumatischen Geburtserfahrungen hängt ganz davon ab, wie die Verarbeitungsmöglichkeiten nach der Geburt sind. Wenn das Kind gut aufgefangen wird, dann kann auch ein schwereres Geburtstrauma verarbeitet und integriert werden. Besteht aber für das Kind nach der Geburt eine Notsituation, z. B. durch Scheidung der Eltern oder Fortgegebenwerden besteht, so kann auch ein kleineres Geburtstrauma prägende Auswirkungen haben.

Schwangerschaft und Persönlichkeitsbildung

Einflüsse während der Schwangerschaft sind in der Regel weniger dramatisch, wenn man von akuten Notsituationen der Mutter, Tod von Angehörigen, Unfällen, Abtreibungsversuchen oder ähnlichem absieht, dafür aber nachhaltiger wirksam. Eine besondere Rolle spielt hier die Ungewolltheit des Kindes, die unterschiedliche Hintergründe haben kann, wie etwa ungewollte Schwangerschaft, Ablehnung des Partners, mangelnde Reife, schwierige Lebensumstände usw. Der amerikanische Analytiker John Sonne (1996) hat aus seinen Erfahrungen heraus typische Züge bei ungewollten Kindern beschrieben: Sie können das Gefühl haben, nicht richtig da , nicht „wirklich" zu sein, und die Meinung vertreten, das Leben bedeute ihnen nicht viel (s.a. Janus 2000 139 ff.).

Eine empirische Untersuchung hebt Züge von Lebensunzufriedenheit, Selbstunwertgefühlen, Depressivität, Schwierigkeiten in Beziehungen und anderes hervor (Matejcek, Dytrich u. Schüller 1987). Meiner Vermutung nach spielt die Ungewolltheit der Schwangerschaft aufgrund von Unvorbereitetheit der Mutter, Beziehungsproblemen oder Schwierigkeiten in der Lebenssituation bei vielen neurotischen und psychosomatischen Erkrankungen eine maßgebliche Rolle. Nur werden diese Zusammenhänge in der Regel in den Psychotherapien nicht oder nur unzureichend thematisiert. Oft setzt sich die Ablehnung auch nach der Geburt fort, was die Situation erschwert. Der lebensgeschichtlich bedeutsame Einfluss ist aber die vorgeburtliche Ablehnung, weil das Kind hier wegen seiner organismischen Abhängigkeit keine wirklichen Möglichkeiten des Ausweichens und Vermeidens hat.

Weil die negativen Einflüsse und ihre Auswirkungen schärfere Konturen haben, wurde an ihnen die Wirksamkeit vorgeburtlicher Einflüsse zuerst entdeckt (Kafkalides 1995, Häsing u. Janus 1999, Levend u. Janus 2000). Umgekehrt dürfen wir aber folgern, dass die Zeit der Schwangerschaft für die psychische Entwicklung und die Grundlegung der Persönlichkeitsstruktur ebenso bedeutsam ist wie sie es für die körperliche Entwicklung ist. Das Kind steht von Anfang an in einem basalen physiologischen und affektiven Austausch und Dialog mit der Mutter. Es entwickelt sich und seine grundlegenden Reaktionen und Aktionen im Medium dieses gefühlshaften und leiblichen Dialoges mit der Mutter und, je nach seiner Präsenz, auch mit dem Vater. Im Medium der vorgeburtlichen Beziehung zur Mutter macht das werdende Kind besonders ganz am Anfang elementare Erfahrungen mit Sicherheit und Gefährdung, bei der Implantation mit Willkommensein oder Ablehnung, nach der Implantation mit Nährung oder Mangel, mit einem Platz haben oder keinen Platz haben, einen Bewegungsraum oder keinen Bewegungsraum haben, eine emotionale Resonanz oder keine emotionale Resonanz haben, mit Wahrgenommen-Werden oder Nicht-wahrgenommen- werden, mit Existenzbestätigung oder Existenzverneinung.

Detailliertere Aussagen zu den vorgeburtlichen Wurzeln der neurotischen Charakterstrukturen, wie sie die Psychoanalyse beschrieben hat, haben vor allem der englische Psychotherapeut und Pastoraltheologe Frank Lake und der spanische reichianische Körpertherapeut Marc Costa gemacht. Dabei ging Lake (o.J.) von einem fötalen Distress-Syndrom als Ursache aus, wobei er annahm, dass sich die negativen Einwirkungen vor allem über den umbilikalen Affekt vermitteln, d.h. über negative Gefühle in Bezug auf die Nabelschnur. Hierauf kann das Kind je nach den Bedingungen und seiner Eigenart unterschiedlich reagieren, entweder phobisch-vermeidend, zwanghaft-vermeidend, ängstlich-depressiv oder hysterisch-verschiebend. Costa (1995) hingegen macht eine entwicklungsbezogene Einteilung: danach geht es in den ersten Tagen im Stadium der Blastozyste um vitale Gefährdung und Überleben – ein Thema des schizoiden Charakters, nach der Einnistung in der Embryonalzeit um Nährung und Entwicklung – ein Thema des oralen Charakters, in der frühen Fötalzeit um Bewegung, Abgrenzung und Behauptung – ein Thema des zwangsneurotischen Charakters und in der späteren Fötalzeit um affektiven Kontakt – ein Thema des hysterischen Charakters.

Zusammenfassend können wir heute mit einiger Sicherheit sagen, dass in der vorgeburtlichen Zeit die Grundlagen für späteres Urvertrauen und spätere Selbstsicherheit, oder auch umgekehrt für Urmisstrauen und Gefühle des Unwertes, der Minderwertigkeit und befremdliche Todes- und Vernichtungswünsche gelegt werden. Kollektivpsychologisch haben diese

Zusammenhänge insofern eine große Bedeutung, als ungünstige Bedingungen für Frauen und Kinder in einer Gesellschaft eine Atmosphäre von Feindseligkeit und aggressiven Tendenzen vorprägen können (DeMause 1996). Genauer untersucht wurden diese Zusammenhänge für das mittlere und südliche Exjugoslawien. Dort bildeten die deprivierenden Aspekte des Zudarugafamiliensystems einen Hintergrund für die Gewalttendenz und die Konfliktunfähigkeit, wie sie in den Kriegen in der Herzegowina und im Kosovo zum Ausdruck kamen (Puhar 2000).

Die Wurzeln der Individuation des Erwachsenen in der vorgeburtlichen Zeit

In jüngster Zeit ist noch ein ganz neuer Zusammenhang zwischen vorgeburtlicher Entwicklung und späterer Persönlichkeitsbildung deutlich geworden, und zwar lässt sich Individuation in der Erwachsenenzeit in dem Sinne verstehen, dass der Erwachsene im Laufe seines Lebens mit immer tieferen Schichten seines Unbewussten oder seiner frühen Entwicklung in Verbindung oder in Resonanz kommt. Ja, es scheint so zu sein, dass menschliche Identität wesentlich durch eine Wechselwirkung zwischen kindlicher und erwachsener Ebene gekennzeichnet ist. Eine wesentliche Entdeckung der Tiefenpsychologie war, dass kindliche Erfahrungen in viel größerem Ausmaß als früher gedacht in unser Erwachsenenleben hinein wirken. Diese Einsicht war bis dahin dadurch verstellt, dass die frühen Gefühle weitgehend in abergläubischen, mythischen und religiösen Projektionen und deren gesellschaftlicher Inszenierungen gebunden waren. Entdeckt wurden die genannten Zusammenhänge am Beispiel von Leiderfahrungen des Kindes. Sie gelten aber in der gleichen Weise für anfängliche Glückserfahrungen, die bestätigend und vitalisierend in unser späteres Leben hineinstrahlen. Ja, die Unterstützung darin, die Leiderfahrungen aus der Kindheit nachträglich zu verarbeiten, hat wesentlich den Sinn, die durch die negativen Erfahrung verstellten Wurzeln der Vitalität und des Tiefenselbstes im eigenen Lebensanfang wieder zugänglich zu machen.

Nun scheint dieser Bezug zu früheren Stadien unserer Entwicklung im Prozess unserer Individuation als Erwachsene einer gewissen Gesetzmäßigkeit zu folgen. In der Pubertät wird die frühe Kindheit wieder belebt und ermöglicht die Gewinnung einer eigenen Identität in Verbindung und Abgrenzung gegen die frühen Elternidentifizierungen. Dem folgt in den Zwanzigern eine Auseinandersetzung mit dem „Geburtstrauma", um zu einem eigenen Lebensentwurf vorzudringen, womit die Wiederbelebung der Kraft der Verbundenheit im Mikrokosmos der vorgeburtlichen Lebenswelt zur Erschaffung des Makrokosmos „meiner" Lebenswelt genutzt wird. In der Krise der Lebensmitte und der Krise der 60ger werden noch frühere Phasen der vorgeburtlichen Lebenszeit wieder belebt, was hier nicht weiter verfolgt werden kann. Wegweisend sind die Arbeiten des dänischen Kulturwissenschaftlers Johannes Fabricius (2002, 2003), der den in den alchemistischen Bilderserien erstmals erfassten Individuationsprozeß als ein „Playback of the Film of Life" in die vorgeburtliche Zeit hinein entschlüsselt hat. In der Analyse des schöpferischen Prozesses bedeutender Künstler lassen sich diese Zusammenhänge in besonderer Weise erfassen (s. Fabricius 2003, S.232ff.).

Abschließende Bemerkungen

Wie ich zu zeigen versucht habe, hat die Frage, wie entsteht Persönlichkeit im Laufe der Schwangerschaft, verschiedene Dimensionen. Praktisch psychotherapeutisch ist das fötale Distress –Syndrom (Lake) bedeutsam, wobei das Kind auf den Distress je nach den verschiedenen Bedingungen und seiner individuellen Reaktionsbereitschaft unterschiedlich antworten kann. Hierdurch können charakterlich wirksame Dispositionen vorgeprägt werden, etwa eine große Ängstlichkeit oder zwanghafte Distanzierungstendenz usw. Weiter ist der Zeitpunkt einer eventuellen Schädigung oder Belastung wichtig: schizoide Umwelt- und Beziehungseinstellung kann in Belastungen vor der Implantation wurzeln, orale Züge in Belastungen in der Embryonalzeit, zwanghafte Züge in der frühen Fötalzeit und hysterische in der späteren Fötalzeit (Costa). Bei diesen zeitlichen Zuordnungen handelt es sich um erste Ordnungsversuche, die noch weiterer Untersuchungen bedürfen. Doch kann auf Grund der Lernforschung und der sehr umfangreichen Stressforschung heute mit einiger Sicherheit ausgesagt werden, dass in der vorgeburtlichen Zeit entscheidende Vorprägungen der Grundeinstellungen der Affektivität und des Verhaltens geschehen.

Durch die Geburt wird die vorgeburtliche Erfahrung noch zusätzlich geprägt. Hierzu gibt es heute eine beträchtliche psychotherapeutische Erfahrung, so dass typische Wirkungen geburtshilflicher Interventionen beschrieben werden können (Emerson), deren Kenntnis für den Psychotherapeuten praktisch bedeutsam ist.

Die Wechselwirkungen zwischen vorgeburtlicher und geburtlicher Erfahrung haben jedoch nicht nur eine Bedeutung für die Psychotherapie, sondern spielen wahrscheinlich eine heute erst umrisshaft erahnbare Rolle bei dem lebenslangen Individuationprozess, den unsere Erwachsenenidentität durchläuft, wobei wir mit dem Älterwerden mit immer früheren Schichten unserer Lebensgeschichte in Kontakt kommen (Fabricius).

Darüber hinaus hat der Umgang mit Schwangerschaft, Geburt und erstem Lebensjahr in einer Gesellschaft durch die Art der hierdurch dem werdenden Kind vermittelten Urerfahrungen eine grundlegende Bedeutung für das Klima und die Atmosphäre in einer Gesellschaft. Hierdurch lassen sich manche sonst unverständlichen kulturelle Eigenheiten und Unterschiede verstehen. Hier gibt es auch bedeutsame Ansatzmöglichkeiten für eine Prävention und Förderung der menschlichen Potentiale (Janus 2002).

Literatur

Chamberlain, D., Woran Babys sich erinnern, München 1990.

Costa, M., The Prenatal Period as the Origin of Character Structures, Int. J. of Prenatal and Perinatal Psychology and Medicine (7) 1996, S. 309-323.

DeMause, L., Hört Ihr die Kinder weinen? Frankfurt 1979.

DeMause, L., Restaging Fetal Traumas in War and Social Violence, Int. J. of Prenatal and Perinatal Psychology and Medicine (8) 1996, S. 171-212.

DeMause, L., Was ist Psychohistorie? Gießen 2000.

Emerson, W., Geburtstrauma: psychische Auswirkungen geburtshilflicher Eingriffe. In: Janus, L.; Haibach, S. (Hg.), Seelisches Erleben vor und während der Geburt, Neu-Isenburg 1997.

Emerson, W., Behandlung von Geburtstraumata bei Säuglingen und Kindern, ISPPM – Sekretariat, Friedhofweg 8, 69118 Heidelberg 2000.

English, J., Psychische und Psychosoziale Aspekte der Kaiserschnittgeburt. In: Janus, L.; Haibach, S. (Hg.), Seelisches Erleben vor und während der Geburt, Neu-Isenburg 1997.

Erikson, E., Kindheit und Gesellschaft, Stuttgart 1966.

Fabricius, J., The Depth Regression of the Libido in the Individuation Process: Playback the Film of Life, Int. J. Of Prenatal and Perinatal Pschology and Medicine (14) 2002.

Fabricius, J., Alchemie, Gießen 2003.

Fodor, N., The Search for the Beloved, New York 1949.

Grof, S., Topographie des Unbewußten, Stuttgart 1983.

Häsing, H.; Janus, L., Ungewollte Kinder, Wiesbaden 1999.

Hüther, G., The influence of early affectional relationships on brain development and behavior. In: Janus, L. (Ed.), The Significance of the Earliest Phases of Childhood for Later Life and Society, ISPPM – Sekretariat, Friedhofweg 8, 69118 Heidelberg 2002.

Janus, L., Wie die Seele entsteht, Heidelberg 1997.

Janus, L., Der Seelenraum des Ungeborenen, Düsseldorf 2000.

Janus, L. (Ed.), The Significance of the Early Phases of Childhood for Later Life and Society, ISPPM – Sekretariat, Friedhofweg 8, 69118 Heidelberg 2002.

Janus, L.; Haibach, S., Seelisches Erleben vor und während der Geburt, Neu-Isenburg 1997.

Janus, L.; Kurth, W., Psychohistorie, Gruppenphantasien und Krieg, Heidelberg 2000.

Kafkalides, A., The Knowledge of the Womb, Heidelberg 1995.

Lake, F., Studies in constricted confusion, Textstudio Gross, Brahmsstr.1, 69118 Heidelberg o.J.

Linderkamp, O.; Beedgen, B.; Sontheimer, D., Das Konzept der sanften Behandlung Frühgeborener von Marina Marcovich, Int. J. Of Prenatal Psychology and Medicine (7) 1995, S. 73-85.

Kurth, W.; Janus, L., Psychohistorie und Persönlichkeitsstruktur, Heidelberg 2002.

Levend, H., Janus, L., Drum hab ich kein Gesicht, Würzburg 2000.

Marcovich, M., Vom sanften Umgang mit dem Frühgeborenen, Int. J. of Prenatal and Perinatal Psychology and Medicine (7) 1995, S. 57-73.

Matejcek, Z.; Dytrich, Z.; Schüller, V., Kinder aus unerwünschten Schwangerschaften geboren. In: Freybergh, P. (Hg.), Pränatale und Perinatale Psychologie und Medizin, ISPPM-Sekretariat, Friedhofweg 8, 69118 Heidelberg 1987.

Nyssen, F.; Janus, L., Psychogenetische Geschichte der Kindheit, Gießen 2002.

Puhar, A., Die Kindheitsurprünge des Krieges in Jugoslawien. In: Janus, L.; Kurth, W. (Hg.), Psychohistorie,Gruppenphantasien und Krieg, Heidelberg 2000.

Rank, O., Das Trauma der Geburt, Gießen 1998 (1924).

Ray, S.; Mandel, B., Birth and Relationship, Berkeley 1987.

Renggli, F., Angst und Geborgenheit, Reinbek bei Hamburg 1976.

Sloterdijk, P., Sphären I, Frankfurt 1998.

Sloterdijk, P., Sphären II, Frankfurt 1999.

Sonne, J., Interpreting the Dread of Being Aborted in Therapy, J. of Prenatal and Perinatal Psychology and Medicine (8) 1996, S. 317-340.

Van den Bergh, B., The effect of maternal stress and anxiety in prenatal life of foetus and child. In: Janus, L. (Ed.), The Significance of the Earliest Phases of Childhood for Later Life and for Society. Sekretariat der ISPPM, Friedhofweg 8, 69118 Heidelberg 2002.

Verny, T., Tomorrow's Baby, New York 2002.

Das Werden der Person in der Adoleszenz als evolutive Balance – Strukturdynamische und leibtherapeutische Aspekte

Hermes A. Kick

Ausgangslage

Person ist ein Zentralbegriff der anthropologischen Medizin. Er bezeichnet die geistige und leibliche Dimension des Menschen und seiner Fähigkeit, Beziehung zum Anderen einzugehen und dabei Erweiterung und zugleich Begrenzung zu erleben. In Kontrast zu einem reduktionistischen, rein deterministischen Entwicklungskonzept wird im Folgenden auf die entwicklungspsychologischen Fragen von Kindheit und Adoleszenz ein strukturdynamischer Ansatz angewandt.

Natürlich ist die Entwicklung des Kindes und Jugendlichen zum Erwachsenen bestimmt und ermöglicht durch eine Reihe von Faktoren, die zum Teil vorgegebenen Eigengesetzlichkeiten unterliegen, Reifungsvorgängen, die endogen gesteuerten Prozessen nahekommen. Als solche können gelten Sprachentwicklung oder bestimmte Entwicklungen der Denkfunktion. Zum anderen spielen jedoch von vornherein situative Momente als formative Reize eine bedeutsame Rolle. Zu berücksichtigen ist desweiteren auch schon in einem frühen Stadium die aktive und von Kind zu Kind unterschiedliche Auseinandersetzung mit der Umwelt. Aus diesen Momenten resultieren unterschiedliche und im vorhinein schwer kalkulierbare Entwicklungspfade.

Strukturdynamische und theoretische Voraussetzungen evolutiver Balance

Die Synopse des empirischen Problemfeldes läßt die Frage nach einem zumindest vorläufigen integrativen Konzept aufkommen. Dieses sollte psychopathologisch und theoretisch begründet und sowohl geeignet sein, das multifaktorielle Bedingungsgefüge der kindlichen Entwicklung mit seiner Beziehung zu konstitutionellen und sozialen bzw. situativen Faktoren adäquat zu berücksichtigen wie auch den notwendigen hermeneutischen Zugang zu personalen und biographischen Aspekten zu ermöglichen.

Dieses Anliegen soll im Folgenden unter Zugrundelegung der strukturpsychopathologischen Sichtweise, die sich auf den Strukturbegriff von Krüger (5) und Wellek (6) in seiner Weiterentwicklung durch Janzarik (2) beruft, für den Bereich der Entwicklungspsychologie aufgegriffen werden. Die begrifflichen Voraussetzungen der strukturdynamischen Konzeption von Janzarik sind - zum besseren Verständnis - in aller gebotenen Kürze zu erläutern. Seelische Struktur erscheint hier als ein relativ dauerhaftes Gefüge personaler Gerichtetheiten, von Dispositionen oder Werten. Diese bilden den tragenden Grund für individuelle Kontinuität, auf den die aktuellen psychischen Phänomene zu beziehen sind. Dynamik ist die sich in Antrieb, Emotionalität und Gestimmtheit äußernde seelische Kraft, im Sinne des griechischen Thymos, die zur Aktualisierung der Dispositionen, sei es in der Form von bildhafter Imagination oder von abstrakten Chiffren, notwendig ist. Struktur ist die Voraussetzung für geordnete dynamische Aktualisierungen. Dynamik ihrerseits, mit ihrer Nähe zu biologischen und anlagemäßigen Vorgegebenheiten, führt in biographischen Entwicklungen zu neuen Wertprägungen, die die dispositionellen Bestände der seelischen Struktur im Laufe der individuellen Entwicklung bereichern und differenzieren, führt aber im ungünstigen Fall in der Interaktion mit der Umwelt zu hochindividuellen Dispositionen, pathoklinen Strukturen, die beim Auftreten sie aktualisierender Situationen an der Auslösung inadäquaten, im Extremfall antisozialen Verhaltens beteiligt sind. Gesondert zu betrachten ist die mit der Pubertät und Adoleszenz zunehmend verlaufsbestimmend werdende dynamische Komponente. Vorwiegend aus biologischen Quellen stammende und in der Pubertät und Adoleszenz entwicklungsnotwendig freigesetzte Überschüsse an seelischer Dynamik, die dem Strukturaufbau dienen, können zu einer kritischen Größe werden. Dies gilt dann, wenn sie nicht entsprechend durch den Aufbau seelischer Struktur auf neue dispositionelle Werte hin ausgerichtet werden, sondern als ungerichtete dynamische Überschüsse im einzelnen kaum vorhersehbare störende Reaktionen befördern.

Dynamik, dies wird deutlich, ist zum einen entwicklungsnotwendig und entwicklungsförderlich. Ohne sie ist Strukturbildung, also strukturelle Entwicklung und Reifung, nicht möglich. Anderseits führt ein (relatives) Zuviel an bereitgestellter seelischer Dynamik zu kritischen dynamischen Überschüssen, was sich in abnormem, die Entwicklung gefährdenden Erleben und Verhalten äußert. Solches hat seinerseits Rückwirkungen auf die Struktur und trägt zur Ausbildung ungünstiger dispositioneller Bereitschaften bei. Die nahe Beziehung dynamischer Überschüsse zur Entwicklung neuer positiver dispositioneller Bereitschaften und Kreativität zeigt sich in zahlreichen Selbstzeugnissen von Künstlern, deren besondere Fähigkeit darin besteht, dynamische Überschüsse bemerkenswert erfolgreich in neue Wertbildung zu transformieren und in die bestehende Wertwelt originell zu integrieren. Als Beispiel darf ein Selbstzeugnis von Fellini angeführt werden:

„Es war an einem Sonntag, auf der Piazza Cavour in Rimini; ich war mit meinem Vater zusammen. Er war in eine Konditorei gegangen, um Gebäck zu kaufen, und ich wartete draußen. Gegenüber war das Rathaus mit seinem Glockenturm, man nannte den Turm ‚il Campananile'. Die Glocken läuteten viertel nach eins, zuerst ein tiefer Ton und darauf vier silberhelle Schläge. Da sah ich, wie sich von dem Turm eine Scheibe löste, wie eine Kupferplatte, sie bewegte sich auf mich zu, und hinter ihr kamen vier weitere, silberfarbene Scheiben. Diese Episode habe ich in ‚La voce della Luna' verwendet. Solche Erlebnisse habe ich auch als Erwachsener noch gehabt. Einmal, in meiner Anfangszeit in Rom, stand ich auf der Piazza Santa Croce und betrachtete die Fassade dieser Kirche, die etwas vage Mexikanisches hat. Eine Straßenbahn fuhr mit schrillen, metallischen Geräuschen in eine Kurve, die Schienen kreischten, und ich sah die Kirchenfassade zerspringen, sie zersprang wie die Windschutzscheibe eines Autos bei Steinschlag. Nach diesem durchdringenden, metallischen Straßenbahnlärm fing mein ganzes Blickfeld von seinem Zentrum aus an, sich mit einem Spinnennetz zu überziehen" (1).

Fellini kommentiert dieses Erlebnis wie folgt:

„Wenn wir älter werden, verlieren wir diese natürliche Fähigkeit, die Geräusche, die Klänge und die festen Dinge als eine große Einheit zu sehen, sie wird durch eine zerteilte und fragmentarische Sicht der Phänomene zersetzt".

Und weiter:

„Das sind die großartigen, visionären Erfahrungen, die Kindern möglich sind. Später ist man dann gezwungen, sie als Phantasieprodukte abzuhaken. Weil es so schwierig ist, solche Dinge in Worten auszudrücken, wählen wir einen märchenhaften Ton für derlei Erzählungen: Das Märchen hat die menschlichste Form und eignet sich am besten ..." (1).

Therapeutische Konsequenzen des strukturdynamischen Ansatzes für das entwicklungspsychologische Problemfeld

Zunächst darf, wie bereits anderwärts gezeigt wurde (4), festgehalten werden, daß die Integration dynamischer Überschüsse bei der Werkschöpfung des Künstlers sich in drei Etappen vollzieht (Abb. 1): (1.) derjenigen der Betroffenheit und Nähe, (2.) derjenigen der Distanzierung und der Auseinandersetzung und (3.) derjenigen der Ablösung, der Erweiterung und der Werk- bzw. Symbolschöpfung. Im Symbol wie in der Handlung, die auf einer neuen Wert- bzw. Wertschöpfung beruht, vollzieht sich eben die erstrebte Integration der dynamischen Überschüsse, die zugleich Chance und Gefährdung bedeuten. Therapeutisch heißt dies, daß die Therapie als situative Offerte diese drei Stadien der Kreativität, die wir beim Künstler im Zuge der neuen Wertebildung festgestellt haben, zu berücksichtigen sind. Diese prozessuale Sichtweise der Wertebildung, die auch einen entscheidenden Beitrag zum Verständnis des Werdens der Person darstellt, findet eine interessante Entsprechung in den Sinnebenen psychotherapeutischen Handelns, deren Respektierung eine entscheidende Voraussetzung für eine adäquate und erfolgreiche Offerte in der therapeutischen Situation darstellt. Grundfrage bei der Therapie von Heranwachsenden ist es, wie die an sich erwünschten, entwicklungsnotwendigen dynamischen Überschüsse, die der betreffende Adoleszente, sei es aufgrund infavorabler konstitutioneller oder situativer Gegebenheiten, nicht bewältigen kann, mittels therapeutischer Interventionen zu strukturellen Werten und dadurch in eine (neuartige) Konsolidierung übergeführt werden können. Da die drei Etappen der Wertbildung beim Kind und Jugendlichen nicht über das Wort als Interventionsmedium allein zu einem so intensiven Erlebnismoment werden können dergestalt, daß ein hinreichender formativer Reiz zu neuer Strukturbildung entsteht, liegt eine besondere Notwendigkeit und Chance darin, das Leiberleben und leibtherapeutische Ansätze, die von vornherein ganzheitliche, strukturelle und dynamische Komponenten des Erlebens und der Begegnung beinhalten, mit heranzuziehen. Dynamische Überschüsse äußern sich bei Kindern und Jugendlichen als antisoziales Verhalten, können aber auch, wie das Beispiel von Fellini zeigt, ausschließlich im Wahrnehmungsraum bleiben, um sich ggf. erst sekundär in Aggressivität oder Angst und Rückzug zu äußern. Eine situative Offerte, die das Leiberleben einbezieht, kann in der Dreischrittigkeit von Nähe, Distanz bzw. Auseinandersetzung zu einer neuen handlungs- und erlebnismäßigen Synthese, einer neuen Haltung (Disposition) und einer andersartigen Einstellung führen, die sich im Leiberleben - unmittelbar - ausdrückt. Leibverhältnis und Selbst-Identität sind eng verknüpft. Mittels des Leiberlebens kann eine strukturell-dynamische Balance erarbeitet werden, indem Leib als Körper, Leib als Kontaktmöglichkeit, Leib als Leistungsträger, Leib als spirituelle Geistigkeit zum Ausgleich gelangt.

Leibtherapie als Beitrag zur evolutiven Balance

Schon im Rahmen der normalen und normvarianten Phasen der kindlichen, präpubertären und postpubertären Entwicklung ist eine laufende Austarierung der aus biologischen Quellen der Entwicklung stammenden seelischen Dynamik notwendig. Voraussetzung hierfür ist eine ausgewogene Strukturbildung. Stellt man das Leiberleben als einen anthropologisch unstrittig zentralen Zugang zur ganzheitlichen personalen Betrachtungsweise in den Mittelpunkt, so können vier anthropologische Dimensionen des Leiberlebens unterschieden werden (Abb. 2): die Leistungsdimension, die Phantasiedimension (Leibphantasie), die unmittelbare ästhetische Sinnesdimension des Leibes sowie die soziale Kontaktdimension des Leibes. Dynamische Zuflüsse machen sich zuerst da als dynamische Entgleisung (Überschuß) kritisch bemerkbar, wo die Strukturbildung noch instabil, unentwickelt bzw. nicht konsolidiert (im Sinne der dynamischen Balance) erscheint. Dynamische Überschüsse im Bereich der ästhetischen, leiblich-sinnlichen Wahrnehmung manifestieren sich als Fehlwahrnehmung bis hin zu halluzinatorischen Phänomenen, im Leistungsbereich als Leere und ungerichtete körperliche Unruhe, im Kontaktbereich als hektische Beziehungssuche bei gleichzeitiger Bindungsunfähigkeit, im Phantasiebereich als realitätsferne Vorstellungsentwicklungen zur Körperlichkeit im Sinne extremer Leibidealbildungen, so z. B. unverletzlich zu sein, unvergleichlich häßlich oder schön zu sein etc. Therapeutisch nahe liegt hier eine leibbezogene bzw. leibakzentuierte, erlebnispädagogische Vorgehensweise bzw. Offerte. Gemeint ist damit der Einsatz der Erlebnispädagogik unter einem einheitlichen leibbezogenen Gesichtspunkt (3). In diesem Zusammenhang geht es weniger um die Entwicklung neuer Methoden der Leibarbeit, vielmehr um eine differenzierte Nutzung des vorhandenen Repertoires. Die Wahl des Methodensets richtet sich primär danach, auf welcher Dimension sich Strukturschwächen als Hemmungssymptomatik oder als dynamische Entgleisung, zeigen. Der dynamische Überschuß, der auch hinter der Hemmungssymptomatik angenommen werden darf, wird nachfolgend durch den Einsatz des entsprechenden leibbezogenen Methodensets zur Strukturbildung genutzt: Zeigen sich

Strukturschwächen im Bereich der Sinneswahrnehmung, können Szenarien aus dem Repertoire der Kampfkunstübungen bis hin zu spektakulären erlebnispädagogischen Angeboten (sog. Abenteuerpädagogik) zum Einsatz kommen. Besonders praktikabel sind Methoden, die die ganze Spannbreite der Körperarbeit von der meditativen Form bis hin zur Verbesserung der Körperwahrnehmung und aufbauender Körperarbeit umfassen (z. B. sensory awareness, body building). Natürlich gehören hierzu auch praktisch alle Bereiche des Sports und der Gymnastik sowie Tanz etc. Hinzu kommen ergänzend und kontrastierend auch körperliche Entspannungsübungen. Die entsprechenden Verfahren müssen gelernt werden. Als gelernte und übernommene Komponenten werden sie zu einem Teil des neuen strukturell verankerten Konzeptes. Sie werden so zum Bestand dispositioneller Bereitschaften, in denen der Überschuß an seelischer Dynamik nicht ungerichtet - im klinischen Sinne symptombildenden - aktiv ist, sondern eine neue strukturell definierte Richtung findet. Sind Konzepte im Leistungsbereich ungenügend ausgebildet, so bedarf es hier der Ausbildung bzw. des Übens von Fertigkeiten, der Erprobung von Selbständigkeit, Selbstverantwortung und Selbstorganisation in konkreter beruflicher bzw. als nützlich und sinnvoll beurteilter Arbeit. Bei Schwächen im sozialen Kompetenz- und Kontaktbereich sind vor allem neue und korrigierende Gemeinschaftserlebnisse in „geschützten Räumen" erforderlich, auch solche für geschlechtshomogene Gruppen, in denen ein offeneres Experimentieren mit Körperlicherkeit möglich ist als in geschlechtsgemischten Gruppen. Für andere Fragestellungen, wie das Erproben und Relativieren traditioneller Rollenmuster sowie die Suche nach Rollenalternativen sind gemischtgeschlechtliche Gruppensettings heranzuziehen. Defizienzen und realitätsferne Phantasiebildungen im leibbezogenen Bereich sollten aufgegriffen und stimmig im Rahmen von kreativen und künstlerischen Verfahren, zu denen Rollenspiele und Tanztherapie zählen, weiterentwickelt werden.

Alle genannten Ansätze haben eine leibtherapeutische und erlebnismäßige Komponente, die einen Beitrag leisten sollten, dynamische Überschüsse im Rahmen normaler und normvarianter Entwicklungsprozesse in der Kindheit, Pubertät und Jugend in neue Situationen überzuführen. Ziel ist die Entwicklung und Ausbildung eines möglichst ausbalancierten und dem jeweiligen dynamischen Druck standhaltenden strukturellen Gefüges. Für alle funktionalen Verfahren gilt, daß ihr Einsatz, wie am Modell der Symbolschöpfung oben aufgezeigt, in drei Schritten zu ordnen ist (vgl. Abb. 1): Der erste Schritt ist derjenige der Nähe, der sich ausdrückt in Betroffenheit hinsichtlich der individuellen Not, sich umsetzt als Empathie, eine erste Gestaltung und Konfrontation erfährt als positive Deutung der natürlich zunächst störend in Erscheinung tretenden dynamischen Überschüsse. Ist der Kontakt hergestellt, kann unter Wahrung einer gewissen Distanz ein auf den diagnostischen Bedarf und Bereich abgestimmtes funktionales Verfahren eingesetzt werden. Die primäre Motivation als gemeinsames Üben und Tun bildet die Voraussetzung zu tolerierter - Konfrontation. Therapieziel ist es, die herangezogenen funktionalen Verfahren für eine individuelle strukturelle Lösung zu nutzen, d.h. die geübte Komponente als Fertigkeit zu einem Element einer neuen personalen Synthese werden zu lassen. Natürlich ist die angeeignete Fertigkeit nicht bereits die Synthese selbst, vielmehr als Teil einer solchen Element zu einer neuen, ganzheitlichen Balance. Der aktive Einsatz leibtherapeutischer Verfahren wird so über den funktionalen Aspekt hinaus zu einem Beitrag erweiterter Wahrnehmungsfähigkeit und eines ganzheitlichen Sinnverständnisses. In der situativen Offerte des Leibtherapeuten, der sich in empathische Nähe begibt, sodann Distanzierung herstellt und leibsymbolische Auseinandersetzung ermöglicht, schließlich auftretende Aggressivität und Angst, als Ausdruck dynamischer Überschüsse mit dem Patienten gemeinsam weitergestaltet, liegt die Chance zu einer individuellen und personalen Entwicklung von Werten als Beitrag zur Reifung der Persönlichkeit und des Werdens der Person.

Literatur

1. Fellini, F., Meine Vision umfaßt 360 Grad. Dielmann, Frankfurt/Main 1997.
2. Janzarik, W., Dynamische Grundkonstellationen in endogenen Psychosen, Berlin; Göttingen; Heidelberg 1959.
3. Jossé, T., Kampfkunst in der Partnerschaft: Handeln und Unterlassen in einem körper- und erlebnisorientierten Ansatz in der Paartherapie. In: Kick, H.A.; Taupitz J. (Hrsg.) Handeln und Unterlassen – Ethik und Recht in den Grenzbereichen von Medizin und Psychologie, Berlin; Heidelberg; New York 2002.
4. Kick, H.A.: Das dramaturgische Kunstwerk im therapeutischen Prozeß als externalisierte und rezeptiv-internalisierte Gestaltung, Fundamenta Psychiatrica (15) 2001, S. 139-142.
5. Krueger, P., Der Strukturbegriff in der Psychologie, Jena 1924.
6. Wellek A., Das Problem seelischen Seins, Meisenheim Glan 1953.

Verändert Aids die soziale Konzeption des Kindes in Afrika?

Angelika Wolf

Einleitung und Fragestellung

Kinder spielen in afrikanischen Gesellschaften eine wichtige soziale, politische und auch ökonomische Rolle. Sie sind Symbole für den Fortbestand und die Lebenskraft der Gemeinschaft und werden als Garanten für die Ahnenwerdung ihrer Vorfahren gesehen. Vor allem in agrarbetonten Gesellschaften gelten sie als geschätzter Reichtum. Ihnen werden altersentsprechend bestimmte Rollen in der Gesellschaft zugewiesen, die zumeist geschlechtsspezifisch ausgerichtet sind und sie so auf das Erwachsenendasein vorbereiten sollen. Die Art und Weise wie dies geschieht, ist von Gesellschaft zu Gesellschaft verschieden, ein gemeinsames Kriterium war allerdings für lange Zeit, dass das Aufziehen von Kindern als eine Aufgabe der ganzen Gemeinschaft verstanden wurde.

Unter dem Druck der HIV/AIDS-Epidemie hat diese Selbstverständlichkeit ihre Grenzen erreicht. Da gerade Personen im reproduktionsfähigen Alter von der Krankheit betroffen sind, werden viele Kinder durch den Tod ihrer Eltern zu Waisen. Waren durch Kolonialismus und Modernisierung zwar Veränderungen in den Beziehungen afrikanischer Familienverbände eingetreten, so führt das derzeitige Sterben von miteinander verwandten Personen aus derselben Generation oft zum Zusammenbrechen familiärer Solidarstrukturen.

In dieser Situation sind Kinder zunehmend auf sich selbst gestellt. Sie geraten zumeist in eine unterprivilegierte Situation, was internationale Organisationen zu Interventionen veranlasst. Auf eigens für sie eingerichteten Foren sollen Waisen Ihre Bedürfnisse artikulieren und ihre Rechte einfordern. Doch sind Waisen wirklich eine passive, stumm leidende

Gruppe? Kinder gehen bereits neue Wege. Leise und unspektakulär hat sich in weiten Teilen des östlichen und südlichen Afrikas eine neue Institution etabliert: der von Kindern oder Jugendlichen eigenständig geführte Haushalt. Es stellt sich die Frage, ob unter diesen Umständen die soziale Konzeption des Kindes in Afrika eine Veränderung erfährt, auch anbetracht der Tatsache, dass ein Teil dieser Kinder im Mutterleib oder durch das Stillen infiziert wird und sie somit als *Seuchenträger* wahrgenommen werden könnten. Der Beitrag soll zum einen die jeweilige Rolle von Kindern in der Vielfalt afrikanischer Lebensweisen aufzeigen. Zum anderen soll den Veränderungen, die durch die Aidsepidemie ausgelöst wird, nachgegangen und hier insbesondere die Situation von Waisen dargestellt werden.

Die Rolle von Kindern in Familienstrukturen von Sub-Sahara Afrika

Während Familien in Westeuropa meist als Kernfamilie mit einer starken Bindung zwischen Mann und Frau verstanden werden, ist die Gemeinschaft von Ehepartnern in weiten Bereichen Afrikas lediglich ein Teil von Beziehungen innerhalb eines größeren Verwandtschaftsverbandes (*lineage*), dem gegenüber Pflichten aber auch Rechte bestehen, welche dem Ehebündnis übergeordnet sind. Ein weiterer bedeutender Unterschied zeigt sich im Konzept, die Sorge um den Nachwuchs und finanzielle Ausgaben für ihn auf die eigenen (meist biologischen) Kinder zu konzentrieren (Caldwell 1982: 153). Kinder in afrikanischen Gesellschaften werden hingegen stärker als soziale Mitglieder ihrer Gemeinschaft gesehen, und dieses Konzept geht in seiner Reichweite über die biologische Elternschaft hinaus. Lesthaeghe (1989: 10) bezeichnet Kinder als das Humankapital der Lineage, weshalb sie als neue Mitglieder der Gemeinschaft auch von anderen Angehörigen als den biologischen Eltern in diese hineingeführt werden können. Die markantesten Unterschiede zwischen dem Verbringen einer Kindheit in Afrika oder in Westeuropa resultieren zumindest auf den ersten Blick aus der Praxis der Matrilinearität, aber auch das Aufwachsen in polygynen oder gynaegamen Haushalten wirkt für uns eher ungewöhnlich. Der Sozialanthropologe Radcliff-Brown hatte schon 1950 darauf verwiesen, dass kein Aspekt des gesellschaftlichen Lebens in Afrika wirklich verstanden werden kann, ohne Wissen über das jeweilige Verwandtschaftssystem und seine Heiratsregeln zu besitzen. Dies gilt auch heute noch für die soziale Konzeption von Kindheit in Afrika. Im Folgenden stelle ich kurz mögliche Formen und Praktiken verwandtschaftlicher Beziehungen dar, die die Zugehörigkeit von Kindern und damit auch ihre Versorgung im Falle des Todes der Eltern regeln sollen.

Matrilinearität

In matrilinearen Verwandtschaftsbeziehungen nimmt der Bruder der Mutter eine bedeutendere Stellung gegenüber einem Kind ein als dies für den leiblichen Vater der Fall ist. Ein Kind bestimmt seine Herkunft durch die mütterliche Linie und gilt oft nicht mit der Familie des Vaters verwandt. Es erbt infolgedessen nicht vom Vater sondern vom Onkel bzw. innerhalb der mütterlichen Linie. Nach gängigen Vorstellungen ist bspw. der mütterliche Onkel eher zuständig für die Schulausbildung und das leibliche Wohl eines Kindes als der Vater. Bei den Chewa in Malawi bitten eine junge Frau und ein junger Mann, die einander heiraten wollen, ihren jeweiligen der Lineage vorstehenden Onkel mütterlicherseits (*nkhoswe*) um die Vermittlung zwischen den beiden Verwandtschaftsverbänden. Auch im Fall des Todes der Mutter bleiben ihre Kinder der mütterlichen Verwandtschaft zugehörig, selbst wenn sie in das Dorf des Vaters ziehen sollten. Oft werden die Waisen allerdings von der mütterlichen Großmutter oder einer Schwester der Mutter versorgt.[1]

---

1 Eigene Erfahrung aus den Feldforschungen in Malawi in den Jahren 1996, 2001 und 2002.

Polygynität

In polygynen Haushalten leben die Kinder mit der Mutter und ihren weiteren angenommenen Kindern zusammen in einem Haus auf dem Gehöft des leiblichen Vaters. Dessen sozioökonomische Stellung ist häufig für die Zahl seiner weiteren Ehefrauen ausschlaggebend, wobei die Kinder der Erstfrau eine besondere Stellung einnehmen. Stirbt die Mutter, so übernimmt häufig eine der Co-Frauen die Versorgung der Kinder (Dilger 2004). Im Falle des Todes des Vaters kann es zur sog. Leviratsregelung kommen: die Witwe ehelicht den Bruder des Vaters. Die bisherigen sowie die neu gezeugten Kinder zählen weiterhin als Nachkommen des Verstorbenen. Kinder bleiben so in der Zuständigkeit der väterlichen Familie und stärken und sichern deren Fortbestand, auch wenn sie von dessen Bruder gezeugt sind oder bei einer Verwandten der Mutter unterkommen sollten.

Gynaegamie

Neben der Ehe zwischen Mann und Frau oder einem Mann mit mehreren Frauen gibt es in manchen Gesellschaften die Möglichkeit einer Ehe zwischen zwei Frauen. Dabei soll es sich nicht um sexuelle Beziehungen handeln, sondern häufig suchen unfruchtbare Frauen eine solche Ehe, um durch die Kinder der angeheirateten Frau eine bessere gesellschaftliche Stellung zu erlangen (Tietmeyer 1985). Kinder gelten in diesen Beziehungen als legitime Erben, sollen aber auch die Ahnenwerdung der eigentlich kinderlosen Frau ermöglichen. Eine der Frauen nimmt symbolisch und sozial die Rolle des Vaters ein, gesellschaftlich bleibt sie aber als Frau anerkannt (Schäfer 1997). Ihr gegenüber und nicht gegen den biologische Vater haben die Kinder dann Rechte und Verpflichtungen.

Die hier beispielhaft dargestellten Formen von Verwandtschaftsbeziehungen in Afrika zeigen deutlich, wie sehr über Kinder Beziehungen in der Erwachsenenwelt hergestellt werden. Nicht nur entsteht in diesen Beziehungen die Identität eines Kindes, die Zirkulation von Kindern kreiert zudem ein Netz von Rechten und Pflichten zwischen biologischen und den sozial zuständigen Eltern (Lesthaeghe 1989: 10). Soziale Elternschaft ist auch eine Möglichkeit, die Kosten und Nutzen von Kindern in einen größeren Rahmen einzubetten, als dies im System der Kernfamilie möglich wäre. Bis vor kurzem garantierte die Mitgliedschaft in einer weit verzweigten Familie den Zugang zu Arbeit und Sicherheit, auch wenn dies keine Garantie für ein Leben ohne Hunger, Krieg oder Not war. In einem System geteilter Familiensorge für Kinder und einer sozial verteilten Erziehung von Kindern gehörten Arbeit und soziale Bindung zusammen, die elaborierten Familien- und Verwandtschaftssysteme schufen Bündnisse und Unterstützung von kommunaler Solidarität (Weisner 1997). Diese Strukturen unterliegen einem stetigen Prozess der Änderung, Anpassung und auch Neudefinition von Verwandtschaft. Waren Menschen früher ohne verwandtschaftliche Unterstützung sozial isoliert und der Verarmung Preis gegeben, bewirkten und bewirken Einflüsse wie das westliche Ideal der Kleinfamilie, die Möglichkeit ökonomischer Absicherung durch gute Schulbildung sowie der Zwang zu Migration aufgrund neuer Formen von Arbeit bspw. in Minen oder auf Plantagen eine Veränderung in den unterschiedlichen Formen familiärer Netze von Unterstützung. Auch der globale Preisverfall für Produkte aus Afrika auf den Weltmärkten trug massiv zur Verarmung afrikanischer Familien bei, der an Kindern nicht spurlos vorüberging.

Beeindruckende sozio-ethnologische Studien in der neueren Zeit zu Struktur und Wandel von Familien in Westafrika und die sich verändernde Rolle von Kindern und deren Beziehungen innerhalb von Familienverbänden kommen von Erdmute Alber (2003, 2004). Sie zeigt in ihren Forschungsarbeiten am Beispiel der Baatombu in Nordbenin, dass soziale Elternschaft dort keine Ausnahme, sondern die Regel war. Das Aufwachsen bei den biologischen Eltern galt einer guten Erziehung von Kindern weniger förderlich als bei Verwandten groß zu werden. Allerdings hatten nur bestimmte Verwandte wie die mütterliche Großmutter oder eine väterliche Tante besondere Rechte auf Kinder. Die Pflegschaftsverhältnisse waren ein zentraler Bestandteil der Sozialstruktur bei den Baatombu und eingebettet in ein komplexes Geflecht gegenseitiger Verpflichtungen. Mit der – teilweise noch üblichen – Übergabe eines Kindes in eine Pflegschaft erwerben die sozialen Eltern Verfügungsrechte über das Kind, über seine Arbeitskraft und sein Versorgungspotential, sie übernehmen aber auch die Pflicht, das Kind auf dem Weg des Erwachsenwerdens zu begleiten und es mit den notwendigen Qualifikationen auszustatten. Mit der Möglichkeit durch eine gute schulische oder berufliche Bildung sozial und ökonomisch erfolgreich zu sein, ohne auf die Verwandtschaft angewiesen zu sein, hat die soziale Elternschaft zwar an Bindungskraft verloren. Aber die Zirkulation von Kindern dient noch immer dem Aufbau von besonderen Beziehungen. Trotz des Einflusses der europäischen Normen geht sie nicht verloren, allerdings ändern sich ihre Formen (Alber 2004).

Während soziale Elternschaft in Westafrika relativ verbreitet ist, ist sie in Ostafrika seltener üblich (vgl. Page 1989). Aber auch hier wird das Aufwachsen bei anderen als den biologischen Eltern nicht als entwicklungsschädigend für ein Kind verstanden. Und auch hier reichen materielle Unterstützung, Förderung von Ausbildung, Pflege und Erziehung und vor allem die identitätsstiftende Einbettung im Verwandtschaftsverband weit über die Grundlagen einer biologischen Elternschaft hinaus. In den größeren Städten bilden sich zwar zunehmend Kernfamilien heraus, doch auch für diese bleiben wegen der Finanzierung von Schulbesuchen, der Unterstützung der Alten sowie im Fall von Erkrankungen oder Tod – und hier spielt AIDS im östlichen und südlichen Afrika eine besondere Rolle – die familiären Anbindungen zwischen Stadt und Land bedeutsam. Erkrankte aus der Stadt gehen häufig zu den Angehörigen auf das Land zurück, um sich dort bis zum Tod pflegen zu lassen, wie eine der wenigen ethnologischen Studien zur Versorgung von Kranken im Zusammenhang mit AIDS eindringlich aufzeigt (Dilger 2004). Kinder werden im Fall des Todes ihrer Eltern meist direkt nach dem Begräbnis zu den jeweiligen Verwandten geschickt.

Die Auswirkungen von HIV/AIDS auf Kinder in Afrika

Nach wie vor werden viele afrikanische Kinder aufgrund parasitärer und oft tödlich verlaufender Erkrankungen der Eltern wie z. B. der Malaria zu

Waisen. Von den derzeit 34 Millionen Waisenkindern zwischen 0 und 14 Jahren in Afrika sind allerdings elf Millionen – fast ein Drittel – alleine auf den Tod der Eltern durch AIDS zurückzuführen. In Malawi haben neun Prozent der Kinder beide Eltern durch AIDS verloren (UNAIDS 2002). Die gesundheitliche, materielle und emotionale Versorgung dieser Kinder ist nicht mehr gewährleistet, denn die Kapazitäten der Verwandtschaftsverbände sind erschöpft. Vor allem durch den Tod vieler Erwachsener aus ein- und derselben Elterngeneration sind die familiären Netzwerke an die Grenzen ihrer Belastbarkeit gelangt (Guest 2001; Gow & Desmond 2002, Singhal & Howard 2003). Staat, Kirchen und NGOs haben sich des Problems angenommen, sind aber im Umgang mit der Epidemie zumeist ebenfalls überfordert (Wolf 2004). Eine hohe Rate an Schulabbrüchen (Nalugoda et al. 1997, Mutangadura 2003), eine steigende Kriminalitätsrate unter verwaisten Kindern und Jugendlichen (Schönteich 1999), psychische Traumatisierung (Cook et al. 2003) sowie sexuelle Ausbeutung (Mustapha und Gbakima 2003) werden als gravierende Folgen dieser Überforderung befürchtet und beschrieben. Der Zusammenbruch der Familiensolidarität geht sogar so weit, dass Verwandte, die eigentlich unterstützend tätig sein sollten, sich am Besitz des Erbes von Waisen vergreifen (*property grabbing*, siehe Wolf 2004). Aber nicht nur Negatives, auch Innovatives geschieht unter dem Druck der Epidemie: Im südlichen und östlichen Afrika haben sich eigenständige Haushalte von Kindern gebildet. Eine solche Kindergemeinschaft soll hier im Folgenden vorgestellt werden.

Der Waisenhaushalt von Irene

Irene ist 14 Jahre alt und lebt jetzt wieder in ihrem matrilinearen Herkunftsdorf im Süden von Malawi, wo sie einen Kinderhaushalt führt. Ihre Eltern starben, als sie etwa acht und neun Jahre alt war, so genau weiß sie das aber nicht mehr. Mit ihr wurden auch die beiden jüngeren Schwestern zu Waisen: Madalitso, jetzt 10 Jahre alt und Chikondi, mittlerweile 7 Jahre. Sie lebten zunächst beim mütterlichen Bruder (*nkhoswe*) und dessen

Frau. Im letzten Jahr kam eine Mrs. Namacha[2] und holte die Kinder in ein benachbartes Dorf, wo sie für 4 Monate blieben. Dann wurden sie *rausgeworfen/kicked out* – warum, weiß Irene nicht so genau – und ins Dorf zurückgebracht. Nach zwei Wochen erschien Mrs. Namacha wieder und brachte die Kinder zum *District Commissioner* (DC) ins *social welfare office* der Distrikthauptstadt. Er entschied, Madalitso, die mittlere Schwester, in einer Kleinstadt im Süden des Landes und Chikondi, die jüngste, in die Hauptstadt Lilongwe zu geben. Seitdem hat Irene ihre Schwestern nicht mehr gesehen, und auch keine Nachricht von ihnen erhalten. Sie selbst blieb in der Nähe der Distrikthauptstadt und wurde in den Haushalt von Mr. Kausiwa – einem Angestellten der Behörde für Erziehungswesen – aufgenommen. Sie ging zur Schule und konnte auch die Kirche ihrer Denomination besuchen. Allerdings musste sie vor und nach dem Schulunterricht das Geschirr spülen und die Wäsche der sechsköpfigen Familie waschen. Sie litt oft an Hunger (*njala*) und wenn sie mit Freunden spielen wollte, wurden die Pflegeeltern ärgerlich: „Why do you go away? We want you to stay in this house!" Eines Tages, an der Schule, traf Irene Leute aus ihrem Dorf und bat diese, Grüße an ihre Verwandten auszurichten. Das wurde von einem Sohn des Hauses beobachtet und den Pflegeeltern mitgeteilt. Diese reagierten verärgert auf die eigenständige Kontaktaufnahme von Irene und Mr. Kausiwa wandte sich daraufhin an den DC: „She wants to go". „Let her go, but don't give her money for transport" sei die Antwort des DC gewesen. Die erforderlichen 55 Kwacha für die Busfahrt bekam Irene dann von Leuten aus dem Dorf, die in der Nähe arbeiteten. So fand sie mit 13 Jahren ihren Weg allein zurück von der Distrikthauptstadt an den Ort ihrer Herkunft. Keiner der Verwandten - weder der verantwortliche Bruder ihrer Mutter noch dessen Frau - kommentierten ihre Rückkehr. Jetzt wohne sie wieder beim Onkel und versorge den Haushalt. Der Onkel würde arbeiten und seinem jüngeren Bruder Geld zum Einkaufen geben. Sie, Irene, würde dann kochen.

Erst bei meiner Frage, für wen und für wie viele Personen sie denn kochen würde, eröffnete sich mir die überraschende Zusammensetzung

---

2 Dieser Name und auch die folgenden sind im Interesse von Irene geändert.

des Haushalts, den Irene versorgt. Er besteht aus ihrem „jungen" Onkel Chimwemwe, der 16 Jahre alt und der kleine Bruder ihres Mutterbruders ist, sowie zwei weiteren kleinen Jungen: Justin, ca. 8 Jahre, und Henry, ca. 4 Jahre alt. Die beiden kleineren Jungen seien die Kinder ihrer Tante, einer Schwester der verstorbenen Mutter. Diese hat nach einer erneuten Heirat das Dorf verlassen und die Verantwortung für die beiden Halbwaisen aus erster Ehe an Irene übertragen. Justin, der Achtjährige, unterstützt sie beim Waschen der Kleidung, und wenn die Nahrungsmittel allzu knapp werden, besucht er seine Mutter im *Trading Center* und bekommt dann wieder Mehl (*ufa*). Damit lässt sich *nsima* (Maisbrei), das Grundnahrungsmittel in Malawi zubereiten. Keines der Kinder geht mehr zur Schule. Im letzten Jahr schaffte es Chimwemwe noch, sich das Schulgeld für den Besuch der *Form one*, der ersten Stufe der kostenpflichtigen Sekundarausbildung, durch Gelegenheitsarbeiten zu finanzieren, aber die Schulgebühren steigen, seine Kleidung sei verschlissen und er versucht, sich um den kleinen Garten zu kümmern und etwas Mais und Kasawa anzubauen. Wenn am Haus etwas kaputtgehe, würde sein großer Bruder sich um die Reparatur kümmern (Forschungsnotizen A. Wolf Mai 2001).

Analyse des Fallbeispiels

In der Beschreibung des Schicksals von Irene nach dem Tod ihrer Eltern – gemäß den Interviews und Gesprächen mit ihr und bewusst aus ihrer persönlichen Sicht dargestellt – werden drei Dinge deutlich: einige Prinzipien von Verantwortung in matrilinearen Familienstrukturen, eine Verschiebung dieser Verantwortlichkeiten unter dem Druck der Epidemie, sowie die Herausbildung von Kinderhaushalten als einer möglichen Konsequenz aus den beiden erst genannten Faktoren. Irene ist zur Familie der Mutter – nicht der des Vaters – zurückgekehrt, denn mit diesen gilt sie als verwandt und diese sind daher für sie zuständig. Allerdings sind die beiden Brüder der Mutter selbst noch relativ jung. Der eine lebt mit Irene im selben Haus und ist auch in der Sicht der Dorfbewohner selbst noch Jugendlicher und entspricht nicht dem Status eines Erziehungsberechtigten.

Der andere Bruder der Mutter ist gerade verheiratet und mit der Versorgung der drei Töchter seiner verstorbenen Schwester überfordert. Er hatte daher die Behörden des Distrikts um Unterstützung ersucht.

Für Irene ist das Vorgehen der Erwachsenenwelt nicht nachvollziehbar. Durch mangelnde Erklärungen und über sie hinweg getroffene Entscheidungen auch der Behörden, die sie als Waisenkind erfasst hatten und in eine Pflegefamilie vermitteln wollten, fühlte sie sich umher gestoßen. Durch die verlangten Arbeiten in der Pflegefamilie, dem mangelnden Kontakt zur Außenwelt und der unzureichenden Ernährung fühlte sie sich ausgebeutet. Die rein technische Regelung durch den Status Pflegekind hatte eine Trennung von den Schwestern zur Folge. Dem Tod der Eltern folgte so ein weiterer Verlust, die geschwisterlichen Bande gehen verloren.

Der Pflegekindsituation zieht sie ein relativ selbständiges Leben unter der begrenzten Autorität der mütterlichen Verwandten vor, auch wenn dies wirtschaftliche Unsicherheit und Verpflichtung für andere, jüngere Kinder bedeutete. Die Schwester der Mutter war längere Zeit allein erziehend und ist jetzt wieder frisch liiert. Deshalb hat sie die beiden kleinen Jungen Irene übergeben. Es ist in Malawi nicht üblich, Kinder in eine neue Ehe mitzunehmen, sie werden der Obhut von Verwandten überlassen. Und es ist auch üblich, dass ältere Mädchen für die Belange von Geschwistern, Vettern oder Basen als zuständig gelten. Allerdings bewegen sie sich dabei üblicherweise in einem Kreis von geteilter Verantwortung unter der Aufsicht von Eltern, Großeltern, Tanten und Onkels – einem Kreis, der nun durch die Auswirkungen der Epidemie immer kleiner wird.

Die Schilderung aus der Sicht von Irene zeigt auch die vielen Dimensionen der Probleme von Waisenkindern. Die Kinder des Haushaltes von Irene organisieren sich den Lebensunterhalt auf vielfältige Weise, der Verzicht auf den Schulbesuch ist nicht immer freiwillig. Die Zeit wird genutzt, um einer Gelegenheitsarbeit nachzugehen, von Verwandten oder Dorfmitgliedern Hilfe zu erbitten, mit den geringen Kenntnissen im Garten zu arbeiten, Essen zu kochen, Wäsche zu waschen und nicht zuletzt kleinere Kinder zu beaufsichtigen. Tatsächlich war bei einem Besuch in Irenes Haus die erst 20jährige Ehefrau des *großen* Onkels gekommen, um nach dem Rechten zu sehen, eine Nachbarin war anwesend, die den Kindern Maiskörner stampfte. Diese *ad hoc organisierte Mischfinanzierung* des Lebensunterhalts speist sich aus eigenen Ressourcen in Kombination mit sporadischer technischer Unterstützung von Mitgliedern der Familie oder des Dorfes.

Irene selbst zieht diese Situation der relativ eigenständigen Übernahme von Verantwortung für sich und Jüngere einer Unterbringung in einer Pflegefamilie vor. Die Tätigkeiten im Familienverband beklagt sie weit weniger als die Arbeit in einer fremden Familie, obwohl diese ähnlich anstrengend und den Alltag dominierend sind. Es ist dies eine Frage von Identität und Zugehörigkeit in einem bestimmten Verwandtschaftsverbund, die qua Geburt erworben sind und in weiten Teilen Afrikas als nicht manipulierbar gelten (Page 1989: 403). Selbst die Aufsicht über die beiden minderjährigen Neffen ist so betrachtet eine konsequente Fortführung dieser Idee von Zugehörigkeit und Identität, was sich auch darin zeigt, dass sich Irene selbst als dem Haushalt des großen Bruders als zugehörig bezeichnet. Selbst noch ein minderjähriges Kind, setzt sie durch aktives Handeln ihr Verständnis von Zugehörigkeit und Identität gegen den erklärten Willen von Verwandtschaft und Behörden durch. Das Leben in einem Kinderhaushalt ist eine Reaktion auf die Epidemie und verweist auf Veränderungen in afrikanischen Familien im Kontext der HIV/AIDS Krise.

Irene und die mit ihr lebenden Kinder wurden von den Bewohnern im Dorf bedauert. Und zwar nicht, weil sie selbst infiziert und somit *Seuchenträger* sein könnte – sondern wegen des schlechten Leumundes ihrer verstorbenen Eltern. Diese hatten eine kleine Kneipe im nächsten größeren Ort aufgebaut, die zum Treffpunkt einiger junger Leute beiderlei Geschlechtes geworden war. Der vermeintlich unkontrollierte Konsum von Alkohol korrelierte in der Beobachtung der Dorfbewohner mit dem unkontrollierten Zusammentreffen von Männern und Frauen zur nächtlichen Stunde. Diesen und auch den Eltern von Irene wurde lasterhaftes Verhalten nachgesagt, was die Sicht auf den Haushalt prägte. Eine evtl. eigene Ansteckung der Kinder spielte dabei in den Gesprächen am Ort keine Rolle. Sie wurden bedauert, weil sie durch das schlechte Verhalten der Eltern ein schweres Schicksal zu tragen hätte. *Schlechtes Verhalten* bildet aber eine weit verbreitete Grundlage in der Konzeption von Krankheit in Afrika.

Die Rolle von Kindern in der Konzeption von Krankheit bei den Chewa

Als Ursache für Krankheit oder Unglück gelten in weiten Teilen Afrikas vier Möglichkeiten: eine Krankheit ist von Gott geschickt, durch Tabubruch verursacht, von bösen Geistern ausgelöst oder durch die Hexerei eines missgünstigen Mitmenschen entstanden. In vielen Ländern des südöstlichen Afrika wird AIDS als Tabubruch eingeordnet und mit einer jeweils einheimischen Variante einer sexuell übertragbaren Erkrankung verglichen (Wolf 2001). Auch in Malawi gilt AIDS zumeist als Strafe Gottes oder wird als Tabubruch gesehen. Dann wird es mit *Kanyera*, einer lokalen Krankheitskategorie aus einem ganzen Komplex von durch falsches Verhalten hervorgerufenen Erkrankungen verglichen (Wolf 2003). Zu diesem Komplex gehört auch *Tsempho*, an welchem Kleinkinder während der Stillzeit erkranken können und welches insbesondere Aufschluss über den Zusammenhang von Krankheitskonzepten, Körpervorstellungen und der Rolle von Kindern bei den Chewa gibt[3].

Hier gilt der Körper eines Kindes vor der Pubertät als kalt. Da sexuelle Aktivitäten als heiß gelten, haben Erwachsene warme bzw. heiße Körper. Insbesondere kleine Kinder können aber durch einen unvermittelten Kontakt mit einem heißen Körper krank werden. Um sie nicht zu gefährden, dürfen die Eltern deshalb für eine bestimmte Zeit nach der Geburt und erst nach einem vermittelnden Ritual wieder Geschlechtsverkehr miteinander haben (Drake 1976). Begeht nun der Vater eines Kleinkindes Ehebruch und berührt nach der Rückkehr in das Heim sein Kind, kann dieses schwer erkranken. Zeigt es Symptome wie Schwellungen und Husten, dann wird von einer *Tsempho*-erkrankung gesprochen. Erst wenn der Ehebruch zugegeben und reinigende Prozeduren vollzogen wurden, kann

---

[3] Die Chewa sind eine der Ethnien in Malawi. Das Chichewa gilt neben Englisch als offizielle Landessprache.

das Kind wieder genesen[4]. Ebenso kann eine erneute Schwangerschaft während der Stillzeit, welche ja durchaus drei Jahre betragen kann, zu *Tsempho* führen. Es wird dann gesagt, dass das rivalisierende Ungeborene dem Stillkind die Nahrung wegnehme (vgl. Drake 1976: 64).

Dieses Beispiel verweist auf drei Parallelen wie wir sie auch von unseren eigenen Gesundheitsregeln kennen:

1. Wie in der Biomedizin besteht ein Konzept von Kontamination. Sind es bei uns Bakterien oder Viren, die Krankheiten verursachen, so gilt in Malawi der Kontakt mit einem heißen Körper als gefährlich und krankheitsauslösend (Morris 1985).

2. Gesellschaftlich als sexuelles Fehlverhalten eingestuftes Benehmen kann Krankheiten verursachen.[5] Im Fall einer *Tsempho*erkrankung des Kindes wird der Vater moralisch verantwortlich gemacht, da bei ihm wegen der langen sexuellen Karenzzeit ein Fehltritt am ehesten für wahrscheinlich gehalten wird. Zudem verschwendet er seine Kraft und Potenz (*mphamvu*) womöglich bei einer anderen Lineage (Wolf 2003).

3. Vor allem kleine Kinder gelten als Schutz bedürftig und können durch unsachgemäßes Verhalten der Eltern Schaden erleiden. *Tsempho* verweist auf einen Zusammenhang zwischen Krankheit und Verantwortung von Eltern. Die soziale Gemeinschaft erwartet von ihnen ein Verhalten, dass es einem Kleinkind ermöglicht, zu einem wertvollen Mitglied ihrer Gruppe heranzuwachsen. Da Körperkonzepte sowohl individuell als auch sozial ausgelegt sind, treten im Fall von Krankheit soziale Aspekte des Körpers stärker in den Vordergrund. Ein Vater, der außerhäusig sexuelle Kontakte pflegt, überschreitet durch den Sexualakt nicht nur die individuelle Körpergrenze. Er verletzt auch eine moralische Grenze der sozialen Gemeinschaft, da der Körper als Symbol für die Gesellschaft interpre-

---

4 Biomediziner diagnostizieren hier zumeist eine TBC.
5 So wurde bspw. AIDS mit jeweils der Bevölkerungsgruppe am stärksten in Zusammenhang gebracht, bei der die Symptome zuerst auftraten. Dies waren in Nordamerika und Westeuropa zunächst Männer, die mit Männern körperlich verkehren und so wurde die neue Krankheit zu Beginn *Schwulenpest* genannt. In Malawi waren die ersten Symptome von AIDS unter berufstätigen, relativ gut situierten Männern mittleren Alters zu beobachten und wurde daher mit *Kanyera* in Verbindung gebracht (vgl. Wolf 2003).

tiert wird (Douglas 1966). Auch zu schnell aufeinander folgende Geburten gefährden ein noch zu stillendes Kind und damit die Möglichkeit seines Überlebens als Mitglied der sozialen Gruppe. Die Auswirkungen von moralischem Fehlverhalten der Eltern auf die Gesundheit eines Kleinkindes ist nicht nur in Malawi, sondern ebenfalls in benachbarten Regionen ein Thema (vgl. Drews 1995).

Die Art und Weise und sogar ob und wann Kinder als Schutz bedürftig gelten, steht in engem Zusammenhang mit dem Konzept von Kindheit in einer jeweiligen Gesellschaft. Im letzten Kapitel dieses Beitrags soll daher in einer historischen Spurensuche dem Entstehen einer Idee von Kindheit in Europa nachgegangen werden.

Die Entstehung einer sozialen Konzeption von Kindheit in Europa

Ariès (1975) spricht in seinem 1960 zunächst in Französisch erschienen Werk von der Kindheit als *Erfindung*. Die mittelalterliche Gesellschaft hatte kein Verhältnis zur Kindheit, was nicht mit mangelnder Zuneigung zu Kindern gleichgesetzt werden darf. Vielmehr gab es keine bewusste Wahrnehmung, keine eigenen Kategorie von Kindheit als einer Besonderheit des menschlichen Daseins. Die Dauer von Kindheit war auf eine Periode beschränkt, in welcher das kleine Wesen nicht ohne fremde Hilfe auszukommen vermochte. Sobald es diese *Hätschelperiode*, in welcher aber Viele starben, überlebt hatte, gehörte es zur Welt der Erwachsenen; Kinder waren etwa ab dem sechsten Lebensjahr eingebunden in deren Arbeits- und Lebensrhythmus und nahm teil an deren *Sozialität*. Erziehung beruhte auf einem Lehrverhältnis zwischen Kind und Erwachsenen, der Familie kam hier keine Sonderstellung zu. Erst im Laufe der Zeit, spätestens aber mit dem Ende des 19. Jahrhunderts ändert sich die Einstellung zur Kindheit: Die Schule tritt als Mittel der Erziehung an die Stelle des Lehrverhältnisses. Ab dem 17. Jahrhundert war die Familie unter dem Einfluss der aufkommenden Pädagogik zur moralischen Institution geworden, im 18. Jahrhundert rückte das Bemühen um Hygiene und physische

Gesundheit in den Fokus der Aufmerksamkeit. In den Lehranstalten standen Reinlichkeit und das Wohlergehen des Körpers aber in keinem Widerspruch zur körperlichen Züchtigung. Die Erfindung der Kindheit ging also mit der Etablierung eines Schulwesens einher und spiegelt in der Trennung der Lebenswelten auch eine allgemeine Polarisierung des gesellschaftlichen Lebens in einen familiären Bereich auf der einen und den beruflichen auf der anderen Seiten wider (Ariès 1975).

Im neuen Feld der sozial-historischen Studien zu Kindheit versuchten Lloyd de Mause (1974) und Lawrence Stone (1977) im Anschluss an Ariès das Phänomen Kindheit zu systematisieren. DeMauss unterteilt in *History of Childhood* sechs Weisen von Eltern-Kind-Beziehung, die er zwischen *infantizid* auf dem einen und *unterstützend* am anderen Pol einer gedachten Linie aufreiht. Stone hingegen beschreibt in *Family, Sex and Marriage* eine evolutionäre Entwicklung der Familie von offen verwandtschaftlichen Formen hin zur geschlossenen häuslichen Kernfamilie. Cunnigham (1995) legt den Beginn der Herausbildung eines Konzeptes von Kindheit in das 15. Jahrhundert, als Erasmus mit dem Verweis auf die Bedeutung des Vaters für den Sohn eine erste Vision einer modernen Kindheit entwirft. Zunächst ein Produkt der Eliten fand dies als *middle class ideology* im 19. Jahrhundert ihren Niederschlag in der allgemeinen Bevölkerung. Auch in seinen Ausführungen sind Erziehung und Schule – forciert durch Kirchen und vor allem den Staat – maßgeblich an der Herausbildung eines Konzeptes von Kindheit beteiligt. Cunnigham arbeitet heraus, wie sich im Zuge der fortschreitenden Industrialisierung parallel mit der Entwicklung der Schule die Idee von der öffentlichen Gesundheit etabliert. Während zu Beginn der Industrialisierung Kinderarbeit sogar staatlich gefördert wurde, intervenierte der Staat des 19. Jahrhunderts zugunsten einer schulischen Ausbildung auch von Kindern der Arbeiterschaft. Ein gewisses Maß an Bildung und durch Sozialarbeit vermittelte Prinzipien von Hygiene sollten eine gesunde arbeitsfähige Bevölkerung – sowohl von Erwachsenen als auch Kindern – garantieren. Im Zusammenhang mit der öffentlichen Sorge um das Kind entsteht die Pädiatrie als neuer wissenschaftlicher Zweig der Medizin, welcher sich bald durch allgemeine Gesundheitsprogramme und sinkenden Mortalitätsraten unter den Kleinkindern legitimiert (Cunnigham 1995).

Die neuen Einrichtungen Schule und Elternhaus hatten Körper und Seele geformt und die Entfernung des Kindes aus der Gesellschaft bewirkt, mit der Entstehung der administrativen Sorge um Lebensweisen schlechthin war das Kind schließlich zum schutzbedürftigen Mitglied der Gesellschaft geworden, was wiederum die Konzeption von Kindheit in den sog. westlichen Gesellschaften erheblich prägte.

Schlussbetrachtung

Dieser Beitrag hat keine Dichotomien zwischen Kindern in Europa einerseits und Kindheit in Afrika auf der anderen Seite aufgemacht, sondern die historische und kulturelle Vielfalt auf beiden Kontinenten beschrieben. Er hat auch gezeigt, dass gesellschaftliche Veränderung nicht im Sinne einer evolutionären Entwicklung, die in Stufen verläuft, von sich geht. Die Veränderungen von Familien und Familienverbänden ist sowohl in Afrika als auch Europa abhängig von den jeweiligen historischen, kulturellen, ökonomischen und sozialen Umständen. Entsprechend sind die Perspektiven auf Kindheit und ihre Konzeption in einer jeweiligen Gesellschaft situiert, welche weltweit nicht dieselben sein können.

Große Epidemien hinterlassen ihre Spuren in den betroffenen Gesellschaften. AIDS führt auch und vor allem in Afrika zu gravierenden Veränderungen: unter anderem in der Sozialstruktur und hier mittlerweile u. a. zu Kinderhaushalten, in denen Waisen und Halbwaisen selbständig zusammenleben. Diese äußere Eigenständigkeit, in welcher Kinder agieren und auf sich selbst gestellt sind, ist etwas Neues in den Gesellschaften des östlichen und südlichen Afrika, in denen sie bislang als Teil einer großen Gemeinschaft konzipiert waren. Die eingangs als Bestandteil eines Konzeptes von Kindheit in Afrika genannten Kriterien werden aber auch durch AIDS nicht an Relevanz verlieren. Denn sie beziehen ihre Bedeutung aus der Stellung von Kindern innerhalb eines Verwandtschaftsverbandes. Da aber in vielen Gesellschaften Afrikas zwischen den eigenen Kindern und eben Kindern allgemein unterschieden wird[6], sind entsprechende Differenzierungen bezüglich der Konzeption von Kindheit ebenfalls vorzunehmen. Und hieraus lässt sich ableiten, dass sich die allgemeine Rolle von Kindern in den von AIDS stark betroffenen Gesellschaften verändern wird. Ein eigenständiges Leben von Kindern war bislang in diesen afrikanischen Ländern ebenso wenig vorgesehen, wie das Aufwachsen in einem Waisenhaus.[7] Es wird also über die Rolle von Kindern außerhalb verwandtschaftlicher Einbindung nachzudenken sein, denn diese unterliegen weder dem Konzept von Schutzbedürftigkeit im Kontext von Verwandtschaft, noch einem Konzept, wie es aus der europäischen Institutionenbildung bekannt ist. Zwar nehmen sich Staat, Kirchen und NGOs in Afrika der Problematik der Waisen an, die neue soziale Rolle von eigenständig lebenden Kindern stellt aber eine zusätzliche Herausforderung dar. Solange aber Verwandtschaftsverbände ökonomische und politische Interessen verfolgen, bleibt die jeweilige Konzeption von Kindheit bestehen bzw. wird wie andere Aspekte gesellschaftlichen Lebens flexibel dort angepasst werden, wo es gemessen erscheint.

Literatur

Alber, Erdmute, Großeltern als Pflegeeltern. Veränderungen der Pflegschaftsbeziehungen zwischen Großeltern und Enkeln bei den Baatobu in Nordbenin, Anthropos 98 (2003), S. 445-460.

Alber, Erdmute, Soziale Elternschaft in Afrika, in: Egli, Werner; Krebs, Uwe (Hg.), Beiträge zur Kindheit, Münster 2004, S. 103-113.

Ariès, Philippe, Geschichte der Kindheit, München 1975.

---

6 In Wolof, einer Sprache in Westafrika, gibt es bspw. zwei Begriffe für Kind: dom und xale. Mit dom werden die eigenen, mit xale allgemein Kinder (die auf der Straße spielen) bezeichnet.
7 Rompel (2004) beschreibt ein Beispiel in Namibia, wo ein Kind ohne Angehörige nach dem Tod der Mutter in einem Krankenhaus seine bisherigen Lebensjahre dort unter der Betreuung des fürsorgenden Personals verbringt und die Klinik als sein Zuhause bezeichnet.

Caldwell, J. C., Theory of Fertility Decline, New York 1982.

Cunnigham, Hugh, Children and Childhood in Western Society since 1500, London and New York 1995.

Cook, Alicia S.; Fritz, Janet J.; Mwonya, Rose, Understanding the Psychological and Emotional Needs of AIDS Orphans in Africa, in: Singhal, Arvind; Howard, Stephen W. (Hg.), The Children of Africa confront AIDS. From Vulnerability to Possibility, Athens 2003, S. 85-104.

De Mauss, Lloyd, History of Childhood, Stadt 1974.

Dilger, Hansjörg, „The Power of AIDS". Verwandtschaft, Zugehörigkeit und moralische Praxis im Spannungsfeld von Land-Stadt-Migration in Tanzania, Dissertationsschrift Institut für Ethnologie der Freien Universität Berlin, 2004.

Douglas, Mary, Purity and Danger. An Analysis of Concepts of Pollution and Taboo, London 1966.

Drake, Ann M., Illness, Ritual and Social Relations among the Chewa of Central Africa, PhD Dissertation, Duke University Michigan 1976.

Guest, Emma, Children of AIDS. Africa's Orphan Crises, London 2001.

Gow, Jeff; Desmond, Chris (Hg.), Impacts and Interventions. The HIV/AIDS Epidemic and the Children of South Africa, Pietermaritzburg 2002.

Lesthaeghe, Ron J., Introduction, in: Lesthaeghe, Ron J. (Hg.), Reproduction and Social Organization in Sub-Saharan Africa. Berkeley 1989, S. 1-12.

Morris, Brian, Chewa Conceptions of Disease – Symptoms and Etiologies, The Society of Malawi Journal 38, 1 (1985), S. 431-439.

Mustapha, Marda; Gbakima, Aiah A., Civil Conflict, Sexual Violence, and HIV/AIDS: Challenges for Children in Sierra Leone, in: Singhal, Arvind; Howard, Stephen W. (Hg.), The Children of Africa confront AIDS. From Vulnerability to Possibility, Athens 2003, S. 51-58.

Mutangadura, Gladys, How Communities help Families cope with HIV/AIDS in Zimbabwe, in: Singhal, Arvind; Howard, Stephen W. (Hg.), The Children of Africa confront AIDS. From Vulnerability to Possibility, Athens 2003, S. 159-170.

Nalugoda, F. et al., HIV infection in Rural households, Rakai District, Uganda, Health Transistion Review 7, 2 (1997), S. 23-40.

Nyamukapa, Constance A.; Foster, Geoff; Gregson, Simon, Orphans' Households Circumstances and Access to Education in a Maturing HIV Epidemic in Eastern Zimbabwe, Journal of Social Development in Africa 18, 2 (2003), S. 7-32.

Page, Hillary J., Childrearing versus Childbearing: Coresidence of Mother and Child and Sub-Saharan Africa, in: Lesthaeghe, Ron J. (Hg.), Reproduction and Social Organsization in Sub-Saharan Africa. Berkeley 1989, S. 401-441.

Radcliff-Brown, Alfred; Forde, Daryll, (Hg.), African Systems of Kinship and Marriage. London 1950.

Rompel, Matthias, „This is my house" – Heidimbis Kindheit, oder: Vom Schrecken und der Notwendigkeit neuer Institutionen in Zeiten von AIDS in Namibia, Peripherie 93/94 (2004), S. 88-112.

Schäfer, Rita, Die Variationsbreite traditioneller Ehe- und Familienformen: Reaktionen auf den Wandel familiärer Sicherungssysteme in Sierra Leone und Kenia, in: Potthast-Jutkeit, Barbara (Hg.), Familienstrukturen in kolonialen und postkolonialen Gesellschaften. Münster 1997, S. 71-88.

Schönteich, Martin, Age and Aids: South Africa's crime time bomb? African Security Review 8/ 4 (1999), S. 34-44.

Singhal, Arvind; Howard, Stephen W. (Hg.), The Children of Africa confront AIDS. From Vulnerability to Possibility, Athens 2003.

Stone, Lawrence, Family, Sex and Marriage, Stadt 1977.

Tietmeyer, Elisabeth, Frauen heiraten Frauen. Eine vergleichende Studie zur Gynaegamie in Afrika, Hohenschäftlarn 1985.

UNAIDS, Report on the Global HIV/AIDS Epidemic, Genf 2002.

Weisner, Thomas S., African Families and the African Family Crisis, in: Weisner, Thomas S. et al (Hg.), African Families and the Crisis of Social Change. Westport 1997, S. 20-44.

Wolf, Angelika AIDS, morality and indigenous concepts of sexually transmitted diseases in Southern Africa, afrika spectrum 36 (2001), S. 97-107.

Wolf, Angelika, AIDS und Kanyera in Malawi: lokale Rezeption eines globalen Phänomens. in: Wolf, Angelika; Hörbst, Viola (Hg), Medizin und Globalisierung: Universelle Ansprüche - lokale Antworten, Münster 2003, S. 203-229.

NEUERE MEDIZIN- UND WISSENSCHAFTSGESCHICHTE.
QUELLEN UND STUDIEN

▶ *Wilmanns, Karl*
Lues, Lamas, Leninisten. Tagebuch einer Reise durch Rußland in die Burjatische Republik im Sommer 1926. *Mit einer medizin-historischen Einführung von Susan Gross Solomon und einem Dokumentenanhang, herausgegeben und annotiert von Jochen Richter*
Band 1, 1995, 320 S., Abb., ISBN 3-8255-0024-1, € 25,46

▶ *Eckart, Wolfgang U. / Volkert, Klaus (Hg.)*
Hermann von Helmholtz. Vorträge eines Heidelberger Symposiums anläßlich des einhundertsten Todestages
Band 2, 1996, 348 S., ISBN 3-8255-0023-3, € 25,46

▶ *Eckart, Wolfgang U. / Gradmann, Christoph (Hg.)*
Medizin im Ersten Weltkrieg
Band 3, 2. Auflage 2003, 348 S., ISBN 3-8255-0023-3, € 25,46

▶ *Böttcher, Christine*
Das Bild der sowjetischen Medizin in der ärztlichen Publizistik und Wissenschaftspolitik der Weimarer Republik
Band 4, 1998, 334 S., ISBN 3-8255-0085-3, € 34,77

▶ *Gradmann, Christoph / Schlich, Thomas (Hg.)*
Strategien der Kausalität
Band 5, 2. Auflage 2004, 226 S., ISBN 3-8255-0173-6, € 25,46

▶ *Prüll, Cay-Rüdiger (Hg.)*
Traditions of Pathology in Western Europe.
Theories, Institutions an their Cultural Setting
Band 6, 2003, 172 S., ISBN 3-8255-0194-9, ca. € 25,50

▶ *Gross Solomon, Susan / Richter, Jochen (Hg.)*
Ludwig Aschoff. Vergleichende Pathologie oder Rassenpathologie. Tagebuch einer Reise durch Rußland und Transkaukasien
Band 7, 1998, 216 S., ISBN 3-8255-0209-0, € 30,17

▶ *Richter, Jochen*
Rasse, Elite, Pathos. Eine Chronik zur medizinischen Biographie Lenins und zur Geschichte der Elitegehirnforschung in Dokumenten
Band 8, 2000, 344 S., 30. Abb., ISBN 3-8255-0242-2, 30,58 €

➔ Besuchen Sie unsere Internetseite: www.centaurus-verlag.de

NEUERE MEDIZIN- UND WISSENSCHAFTSGESCHICHTE.
QUELLEN UND STUDIEN

▶ *Bröer, Ralf (Hg.)*
Eine Wissenschaft emanzipiert sich. Die Medizinhistoriographie von der Aufklärung bis zur Postmoderne
Band 9, 1999, 304 S., ISBN 3-8255-0248-1, 29,65 €

▶ *Mayer-Ahuja, Nicole*
Massenerwerbslosigkeit, Reform der Sozialpolitik und die gesundheitlichen Folgen. Die Ärztebefragung des Reichstagsabgeordneten Dr. Julius Moses aus dem Krisenjahr 1931
Band 10, 1999, 156 S., ISBN 3-8255-0259-7, 24,54 €

▶ *Hofheinz, Ralf-Dieter*
Melanchton und die Medizin anhand seiner akademischen Reden
Band 11, 2001, 340 S., ISBN 3-8255-0323-2, 29,65 €

▶ *Seitz, Oliver / Seitz, Dieter*
Die moderne Hospizbewegung in Deutschland auf dem Weg ins öffentliche Bewusstsein. Ursprünge, kontroverse Diskussionen, Perspektiven.
Band 12, 2. Auflage 2004, 364 S., 32 Abb., ISBN 3-8255-0367-4, 24,90 €

▶ *Nava, Patrizia*
Hebammen, Accoucheure und Man-midwives.
Ein deutsch-amerikanischer Vergleich (1750-1850).
Band 13, 2003, 146 S., ISBN 3-8255-0410-7, 19,50 €

▶ *Finzer, Patrick*
Zum Verständnis biologischer Systeme. Reduktionen in Biologie und Biomedizin
Band 14, 2003, 202 S., ISBN 3-8255-0414-X, 22,90 €

▶ *Prückner, Kerstin*
„Aus dem Gebiete der gesammten Heilkunst ...". Die Heidelberger Klinischen Annalen und die Medicinischen Annalen. Eine Medizinische Fachzeitschrift zwischen Naturphilosophie und Naturwissenschaft.
Band 15, 2004, 310 S., ISBN 3-8255-0481-6, 26,90 €

▶ *Witte, Wilfried*
Erklärungsnotstand. Die Grippe-Epidemie 1918–1929 in Deutschland unter besonderer Berücksichtigung Badens
Band 16, 2006, ca. 420, S., ISBN 978-3-8255-0641-4, ca. 26,– €

➔ Besuchen Sie unsere Internetseite: www.centaurus-verlag.de

If you have any concerns about our products,
you can contact us on
ProductSafety@springernature.com

In case Publisher is established outside the EU,
the EU authorized representative is:
**Springer Nature Customer Service Center GmbH
Europaplatz 3, 69115 Heidelberg, Germany**

Printed by Libri Plureos GmbH
in Hamburg, Germany